R.E.I. Editions

Tutti i nostri ebook possono essere letti sui seguenti dispositivi:
- Computer
- eReader
- iOS
- Android
- Blackberry
- Windows
- Tablet
- Cellulare

Degregori & Partners

I Contratti Swap

Quaderni di Finanza 12

ISBN: 978-2-37297-3014
Disponibile anche in formato Ebook - ISBN: 978-2-37297-3007

Pubblicazione: dicembre 2016
Nuova edizione aggiornata agosto 2022
Copyright © 2022 R.E.I. Editions
www.rei-editions.com

I Quaderni di Finanza hanno lo scopo di promuovere la diffusione dell'informazione e della riflessione economico-finanziaria sui temi relativi ai mercati mobiliari nazionali e internazionali e alla loro regolamentazione.

Piano dell'opera

Degregori & Partners

I Contratti Swap

Quaderni di Finanza (12)

R.E.I. Editions

Indice

Gli Swap

Lo swap appartiene alla categoria degli strumenti derivati, e consiste nello scambio a termine di flussi di cassa tra due controparti, calcolati con modalità stabilite alla stipulazione del contratto. Questo sistema può permettere di annullare il rischio connesso, ad esempio, alle fluttuazioni dei tassi di interesse o di cambio.

I pagamenti possono essere espressi nella stessa valuta o in valute differenti e il loro ammontare è determinato in relazione a un sottostante.

- Va annoverato come uno dei più moderni strumenti di copertura dei rischi utilizzato prevalentemente dalle banche, dalle imprese e dagli enti pubblici.

Lo strumento dello swap (in particolare il moderno CDS, Credit Default Swap, un derivato utilizzato per gestire la probabilità di default) fu inventato nel 1994 dal finanziere Blythe Masters, della banca JP Morgan (soprannominata la donna che ha inventato le armi finanziarie di distruzione di massa) e si presenta come un contratto nominato (ma atipico in quanto privo di disciplina legislativa), a termine, consensuale, oneroso e aleatorio. Gli swap sono, quindi, contratti OTC (Over the Counter) e, di conseguenza, non sono negoziati su mercati regolamentati.

Lo swap è uno strumento molto simile al forward rate agreement, con la differenza che il contratto non prevede un unico scambio, bensì una serie di pagamenti futuri.

In generale lo swap è uno scambio su tassi di interesse che possono essere attivi o passivi; lo swap, dunque, può essere anche uno scambio di crediti, ad esempio tra banche, equivalente allo sconto di cambiali avendo in cambio non denaro contante, ma un altro credito da incassare.

Il sottostante può essere di vario tipo e influenza notevolmente le caratteristiche del contratto che può assumere, nella prassi, svariate forme. I contratti swap sono, generalmente, costituiti in modo tale che, al momento della stipula, le prestazioni previste sono equivalenti; in altri termini, è reso nullo il valore iniziale del contratto, così da non generare alcun flusso di cassa iniziale per compensare la parte gravata dalla prestazione di maggior valore. Se al momento della stipula le due prestazioni sono equivalenti, non è detto che lo rimangano per tutta la vita del contratto, anzi, è proprio la variazione del valore delle prestazioni che genera il profilo di rischio/rendimento; la parte che è tenuta a una prestazione il cui valore si è deprezzato rispetto al valore iniziale (e, quindi, rispetto alla controprestazione) maturerà un guadagno e viceversa.

La caratteristica essenziale delle operazioni di swap, cioè quella di scambiare dei flussi di cassa, connessi a un'attività sottostante, con altri flussi di cassa di diverso tipo, determina la creazione di nuove opportunità finanziarie altrimenti non conseguibili.

Queste opportunità possono essere sfruttate in funzione di molteplici esigenze, che possono essere di copertura, di speculazione o di arbitraggio, a seconda delle finalità che l'operatore si pone. Gli swap costituiscono una delle più recenti innovazioni dei mercati finanziari nell'ambito degli strumenti derivati. I primi contratti swap risalgono agli inizi degli anni ottanta e, da allora, il mercato è cresciuto molto rapidamente, tanto che oggi vengono annualmente negoziati contratti per centinaia di miliardi di dollari in tutto il mondo.

Uno swap implica, quindi, un accordo privato tra due parti che si scambiano flussi di cassa a date certe, secondo una formulazione predefinita tra di esse; i flussi di cassa possono essere espressi nella stessa valuta oppure in valute differenti. La determinazione della quantità di flussi da scambiarsi richiede una variabile sottostante. Spesso questa è un tasso di interesse, come il Libor, ma molto ampio è il campo delle variabili usate.

Il Libor (London Interbank Offer Rate) è il tasso d'interesse offerto dalle banche su depositi di altre banche, nei mercati delle Eurovalute. Il Libor a 3 mesi è il tasso offerto su depositi a 3 mesi, il Libor a 6 mesi è il tasso offerto sui depositi a 6 mesi, e così via; i tassi Libor sono determinati dalle negoziazioni tra banche e cambiano al variare delle condizioni economiche.

- Si tratta di un tasso variabile, calcolato giornalmente dalla British Bankers' Association in base ai tassi d'interesse richiesti per cedere a prestito depositi in una data divisa (sterlina inglese, dollaro USA, franco svizzero, euro o yen giapponese) da parte delle principali banche operanti sul mercato interbancario londinese. Il Libor è il tasso di riferimento europeo al quale le banche si prestano denaro tra loro, spesso durante la notte (in batch notturno), dopo la chiusura dei mercati.

Esso è minore del tasso di sconto che gli istituti di credito pagano per un prestito alla banca centrale. Il mercato interbancario è particolarmente importante per assicurare la solvibilità delle banche e dell'intero sistema creditizio, e per una banca è forse il modo più facile e meno costoso di reperire capitali.

In pratica può capitare che a fine giornata il responsabile della Tesoreria della banca X scopra che vi sono alcuni milioni di eccedenze che potrebbero essere parcheggiati overnight presso la Banca d'Italia a un tasso basso, oppure nell'apposita pagina Reuter vedere se vi è un altro istituto nella situazione opposta, cioè con necessità di liquidità; il tasso offerto per l'operazione è più alto ed è appunto il Libor.

A fronte di una domanda di prelievi maggiore del denaro liquido che un istituto ha a disposizione, la banca vende una certa quantità di titoli di Stato o altri titoli, ricevendo in questo mercato il denaro di cui ha bisogno. Un elemento importante è la fiducia fra i vari istituti di credito a prestarsi denaro, e il ruolo "garantista" della banca centrale nel risarcire i diritti delle banche creditrici nel caso di qualche istituto in difficoltà.

Il Libor è un indice del costo del denaro a breve termine che viene adoperato comunemente come base per il calcolo dei tassi d'interesse relativi a molte operazioni finanziarie (mutui, futures, swap) principalmente in valute diverse dall'euro, per il quale il tasso di riferimento è più spesso l'Euribor. L'andamento del Libor è, comunque, seguito con attenzione sia dai professionisti sia dai privati, poiché le sue variazioni possono avere conseguenze sull'entità degli interessi bancari di ogni genere, dai conti di risparmio alle ipoteche, ai prestiti.

Molteplici sono le possibilità di adoperare gli swap per gestire i flussi di cassa e svariati sono gli obiettivi inseguiti dagli utilizzatori di tale strumento. Generalmente, gli swap sono usati per ricoprire o modificare posizioni di rischio e per adeguare un determinato flusso a una desiderata struttura. Essi vengono anche utilizzati al fine di «cogliere valore» nel mercato. Ad esempio, grazie a uno swap, è possibile ridurre l'effettivo costo di un finanziamento o aumentare il rendimento realizzato su un investimento. Questo «cogliere valore» del mercato è ottenibile sia arbitraggiando differenti segmenti del mercato sia avvantaggiandosi da anomalie del mercato stesso.

Inoltre, gli swap consentono di accedere indirettamente a mercati non facilmente o non efficientemente accessibili; ad esempio, una società americana non conosciuta in Giappone potrebbe indebitarsi in Yen ricorrendo a un currency swap che le consenta di trasformare il suo debito in dollari in un debito in Yen. Un altro esempio è rappresentato da una società con basso rating di credito che si vede preclusa la possibilità di accedere all'indebitamento a lungo termine.

Mediante un interest rate swap, la società può trasformare il suo debito a tasso variabile o breve termine in un debito a tasso fisso e medio-lungo termine. Una delle argomentazioni che viene spesso usata per spiegare la diffusione degli swap riguarda i vantaggi comparati. Ogni società, quando negozia un nuovo prestito, si dirige generalmente verso il mercato dove ha un vantaggio comparato.

Ad esempio, una società Alfa con buon rating potrebbe avere accesso a prestiti a tassi variabili con spread rispetto al Libor inferiore alla media del mercato e avere, invece, condizioni pari a quelle di mercato sul segmento dei prestiti a tasso fisso. Qualora la società Alfa desiderasse indebitarsi a tasso fisso, essa potrebbe sfruttare il vantaggio comparato di cui gode sul segmento dei prestiti a tasso variabile indebitandosi a tasso variabile e ricorrendo a un interest rate swap, che le consenta di trasformare tale debito in uno a tasso fisso. A fronte di questi innumerevoli possibili vantaggi legati all'utilizzo dei contratti swap, bisogna notare come non sia facile per una parte riconoscere una controparte in grado di combinare le specifiche esigenze in un'appropriata transazione swap, essendo quello degli swap, come detto, un mercato del tipo over the counter, ossia un mercato non regolato secondo le norme di una borsa valori.

Può, quindi, verificarsi che:

- Le esigenze relative allo swap di una parte non sono generalmente conosciute dalle altre parti.
- Le parti abbiano una limitata capacità di valutare e accettare il rischio di credito della controparte.
- Le date di pagamento e la durata di una parte non coincidano con quelle dell'altra.
- Vi siano differenze nell'ammontare del principale sul quale le parti intendono attuare lo swap.

La maggior parte di questi problemi viene risolto dall'intervento di un intermediario finanziario, che sia in grado di mettere in contatto più utilizzatori di swap e di mediare tra le loro specifiche esigenze. L'intermediario può svolgere una pura funzione di intermediazione tra le parti oppure può assumersi il rischio del contratto, chiudendolo direttamente con la controparte.

Ovviamente, in questo caso, l'intermediario utilizzerà anche altri strumenti, come ad esempio i contratti futures, per coprire il portafoglio di swap. Lo schema dei flussi finanziari degli swap è completamente diverso da quello degli altri derivati.

Lo swap non ha un prezzo di acquisto con il quale la controparte diviene proprietaria di un sottostante, o del diritto di acquistarlo/venderlo a un dato prezzo alla scadenza (come per le opzioni call e put), né a scadenza ha facoltà di esercitare o meno tale diritto con dei gradi di libertà: i flussi hanno date certe e stabilite dal contratto, di segno opposto (spesso più di due nel tempo), e quelli di almeno una controparte sono deterministici (di importo noto: es. quantità di valuta, tasso fisso, premio per un CDS). La quantità e valore degli swap scambiabili (e il rischio di controparte) sono meno legati al prezzo del sottostante rispetto ad altri strumenti derivati: con un'opzione, la controparte che acquista deve avere liquidità pari al prezzo del derivato e del sottostante (se esercita l'opzione), mentre per uno swap entrambe le controparti devono essere solvibili, ma solamente per la differenza fra due tassi di interesse (spread fisso-variabile, cambio fra valute, probabilità di default per un CDS) che sono percentuali del sottostante (interessi rispetto al capitale di debito, delta cambio fra valute), e aventi il solito ordine.

Ad esempio, se la controparte non vende a terzi il derivato o non si copre con un derivato di segno opposto (stessa scadenza e sottostante): nello swap di commodity non è necessaria la disponibilità fisica del bene sottostante; in quello di interessi il contratto di swap non necessariamente è legato all'esistenza e/o unicità di debiti a tasso fisso e variabile sottostanti (che potrebbero per contro essere coperti da molteplici swap); nello swap di valute, dove è, invece, necessaria la disponibilità del bene, a pronti al cambio corrente di mercato, questo ritorna alla controparte a termine al cambio iniziale, in modo indipendente da quanto varia il prezzo relativo fra le valute fra la data a pronti e a termine.

Esempio

Immaginiamo un azienda di medie o piccole dimensioni: in caso di necessità di nuovi investimenti preferirà indebitarsi a tasso fisso, in modo da conoscere in anticipo le uscite di cassa e poter redigere con più tranquillità i propri piani industriali. Le Piccole e Medie Imprese solitamente hanno maggiori difficoltà ad accedere a finanziamenti a tasso fisso; d'altronde la società in questione, prendendo a prestito denaro a tasso variabile, in caso di rialzo improvviso dei tassi sperimenterebbe uscite impreviste che potrebbero colpire negativamente i conti.

Pensiamo poi a una banca che, invece, ha una serie di obblighi finanziari remunerati a tasso fisso: basta considerare le obbligazioni o i prodotti a capitale e rendimento garantito venduti ai propri clienti. La maggior parte delle entrate della banca, tuttavia, è a tasso variabile: ad esempio, i prestiti che le banche si concedono tra di loro sono indicizzate al Libor; in caso di ribasso dei tassi la banca dovrà continuare a pagare il tasso fisso, rimettendoci in quanto i flussi ottenuti a tasso variabile sono calati.

Ipotizziamo che sia la banca sia la società abbiano obblighi debitori per un milione di euro e che la banca sia costretta a pagare interessi fissi e la società variabili.

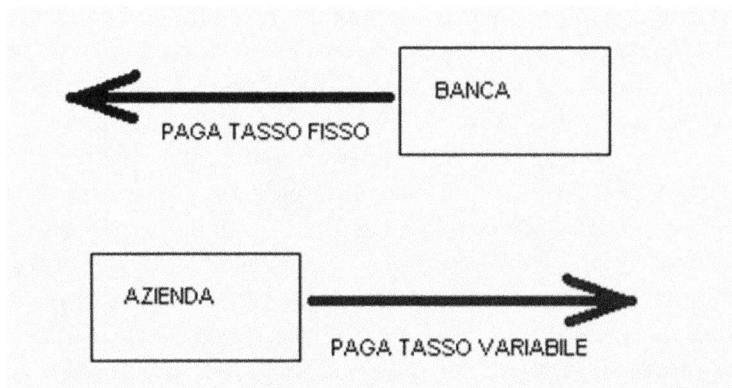

Le due potrebbero entrare in un contratto di interest rate swap con nozionale pari a un milione; la banca pagherebbe alla società il tasso variabile su questo capitale, ricevendone in cambio il tasso fisso.

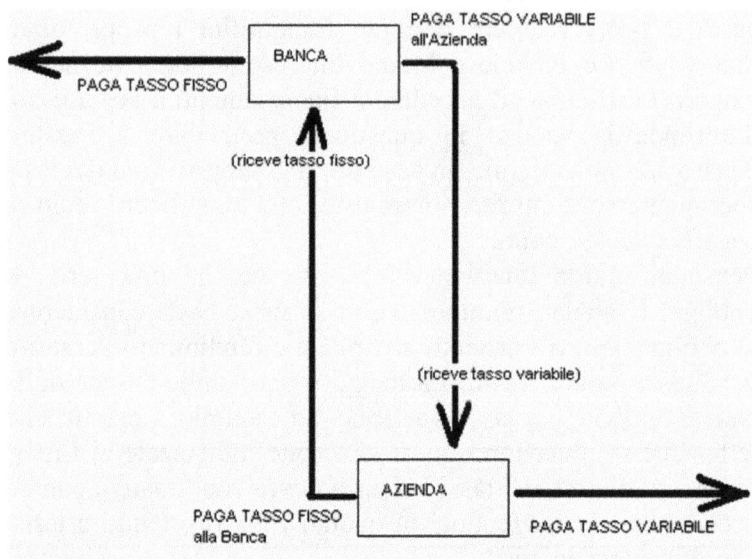

La banca, con il tasso fisso ricevuto potrebbe soddisfare i suoi obblighi nei confronti dei clienti, proteggendosi da eventuali cali dei tassi, mentre la società avrebbe dei flussi variabili con cui far fronte alle sue uscite. In tal modo è come se la banca pagasse un tasso variabile e la società uno fisso. Questo tipo di contratti consente alle imprese di annullare la propria sensibilità alle fluttuazioni dei tassi di interesse, anche se introduce il cosiddetto rischio di controparte, cioè il pericolo che l'altra parte sia inadempiente. Lo spread è la remunerazione del rischio creditizio della controparte. Ritornando al nostro esempio, ipotizzando che la società abbia un minor merito creditizio della banca (ad esempio ha molti altri debiti o non ha entrate certe), quest'ultima pretenderà di ricevere un interesse maggiore, ad esempio il

tasso fisso maggiorato di 25 o di 50 punti base, o di pagare all'azienda un tasso variabile inferiore a quello di mercato.
È possibile distinguere varie tipologie di operazioni di swap sulla base dei flussi finanziari scambiati:

- Swap di interessi (Interest Rate Swap, IRS): è un contratto che prevede lo scambio periodico, tra due operatori, di flussi di cassa aventi la natura di "interesse" calcolati sulla base dei tassi di interesse predefiniti e differenti e di un capitale teorico di riferimento. La funzione degli swaps su tassi d'interesse è la riduzione dei rischi connessi ai tassi. Tali contratti consentono, a certe condizioni, di "trasformare" il tasso da variabile a fisso oppure, viceversa, da fisso a variabile. Il contratto di interest rate swap prevede generalmente che se i tassi variabili d'interesse supereranno una certa soglia, allora la banca pagherà una somma alla società per ristorarla dell'eccessivo carico finanziario; viceversa il contratto prevede che se i tassi variabili d'interesse scenderanno sotto una certa soglia, allora sarà la società a dovere versare una somma alla banca. Con la conclusione del contratto di swap entrambi i contraenti perseguono pertanto un obiettivo di riduzione dei propri costi (e di aumento dei propri guadagni). Sullo stesso valore nozionale, che è, generalmente, il valore del finanziamento sottostante, si calcolano gli effetti di due diversi tassi d'interesse. Un contraente si impegna a pagare secondo una certa modalità di calcolo, a tasso fisso, l'altra parte si impegna a pagare secondo una diversa modalità di calcolo, a tasso variabile. Alla fine del periodo concordato uno dei due contraenti, quello che risulta a debito, è tenuto a pagare all'altra parte la sola differenza fra gli importi risultanti dall'applicazione dei due distinti tassi d'interesse. Si noti che non tutto il finanziamento sottostante è necessariamente oggetto del contratto di swap. Il contratto può essere concluso anche per una parte sola del finanziamento, ad esempio, l'85%; in queste ipotesi il nozionale del derivato è inferiore all'importo del debito. Generalmente però l'interesse della società è quello di coprire tutto il rischio sottostante, ma possono esservi casi in cui lo swap opera solo in riferimento a una parte del debito.

- Swap di valute (Currency Swap, CS): è un contratto stipulato fra due controparti che si scambiano nel tempo un flusso di pagamenti denominati in due diverse valute. Si pone quale scambio a pronti di una determinata valuta e nel contempo in uno scambio di eguale ammontare e cambio, ma di segno opposto, a una data futura prestabilita. E' impiegato per tutelarsi dalle variazioni dei tassi di cambio. Ad esempio, un esportatore italiano che accetta di essere pagato in una valuta straniera è soggetto al rischio di cambio. Fra il momento della consegna delle merci e il momento del pagamento trascorre di norma un certo lasso di tempo; durante questo periodo la valuta straniera può perdere di valore, con l'effetto che l'esportatore subisce una perdita rispetto a quanto si aspettava di incassare. Si supponga che l'esportatore pattuisca di essere pagato con 1.000.000 di dollari a 60 giorni e che, al cambio iniziale, tale somma corrisponda a 800.000 euro (1 dollaro = 0,80 euro). Se nel giro di 60 giorni il dollaro perde il 10% del suo valore (scendendo a 1 dollaro = 0,72 euro), l'esportatore che viene pagato in dollari, e poi li cambia in euro, riceve solo 720.000 euro, perdendo 80.000 euro. Con un apposito contratto di swap l'esportatore può assicurarsi che, in caso di perdita di valore della valuta di riferimento, la banca gli corrisponderà una somma equivalente a tale riduzione.

- Swap di commodities (Commodity Swap): è un contratto stipulato fra due controparti che si scambiano nel tempo un flusso di pagamenti indicizzati al cambiamento di una commodity da un lato e a un tasso fisso dall'altro. Un esempio comune sono swap sul prezzo del petrolio, i cosiddetti Oil swaps. A seconda dell'andamento negativo o positivo, una delle parti si obbliga nei confronti dell'altra a pagare una certa somma. In questo modo il contraente riduce i rischi legati alla variabilità dei prezzi di dette merci. Non vi è scambio dei beni sottostanti e nemmeno dei relativi flussi finanziari, ma solo della differenza, in quanto anche in questo contesto opera la clausola di compensazione. Il commodity swap risulta una strumento utile per chi tratta in merci. Si immagini il caso della società Alfa che si impegna nel 2014 a vendere nel 2015 100 unità di un certo bene a 100 euro per ciascuna unità ogni mese. L'incasso previsto per il 2015 è di 10.000 euro per ciascuno dei 12 mesi. I prezzi della merce sono però soggetti a oscillazioni. Se il prezzo di mercato si alza nel 2015 a 110 euro, il venditore avrebbe l'opportunità di vendere sul mercato le sue merci a un prezzo maggiore rispetto a quanto pattuito. Viceversa se il prezzo di mercato si abbassa nel 2015 a 90 euro, il compratore avrebbe l'opportunità di comprare sul mercato le merci a un prezzo inferiore. Per evitare, nel primo caso, un mancato guadagno e, nel secondo caso, il subentro di una perdita, i contraenti concludono un contratto di commodity swap. Con tale contratto la parte interessata viene tenuta indenne da eventuali variazioni dei prezzi delle merci, ricevendo una somma corrispondente alla variazione del prezzo rispetto a quello originariamente fissato.

- Swap sul rischio di credito (Credit Default Swap, CDS). È un contratto di assicurazione che prevede il pagamento di un premio periodico in cambio di un pagamento di protezione nel caso di fallimento di un'azienda di riferimento. Il credit default swap (CDS) è un contratto con il quale il detentore di un credito (protection buyer) si impegna a pagare una somma fissa periodica, in genere espressa in basis point rispetto a un capitale nozionale, a favore della controparte (protection seller) che, di converso, si assume il rischio di credito gravante su quella attività nel caso in cui si verifichi un evento di default futuro e incerto (credit event). La somma periodica che il creditore paga è in genere commisurata al rischio e alla probabilità di insolvenza del soggetto terzo debitore. L'aspetto fondamentale del CDS consiste nel fatto che sia il protection buyer sia il protection seller possono anche non avere alcun rapporto di credito con il terzo soggetto, in quanto il contratto prescinde dalla presenza di quest'ultimo; il sottostante è unicamente il merito creditizio e non il vero e proprio credito. Costituisce uno dei più potenti e diffusi strumenti creditizi derivati al mondo.

In base alla metodologia di calcolo delle somme che le parti si impegnano a scambiare si possono distinguere:
- Fixed to fixed swap.
- Fixed to floating swap.
- Floating to floating swap.
- Plain vanilla swap.
- Total rate.

La decisione di stipulare un contratto Swap può essere ricondotta alle seguenti finalità:

- Finalità di copertura (hedging), consistente nel ridurre o trasferire l'esposizione al rischio finanziario connesso a un determinato investimento e derivante dalle

22

variazioni sfavorevoli di variabili finanziarie, quali tassi di cambio, tassi di interesse, prezzi di merci e di strumenti finanziari. Sotto questo profilo tali contratti svolgono una funzione simile a quella dei contratti assicurativi. Se un contratto di finanziamento viene concluso da una società a tasso variabile e il tasso, con il passare del tempo, si alza in misura considerevole, il finanziamento contratto dall'imprenditore può risultare particolarmente oneroso. Se le rate da pagare a certe scadenze (ad esempio mensili) variano verso l'alto (a causa dell'aumento del tasso variabile), ciò può rendere difficile per la società sia programmare adeguatamente il pagamento di tali rate sia, ancor più grave, pagarle. Ciò è quanto è capitato a numerose piccole e medie imprese italiane negli ultimi anni. Le società hanno cercato, mediante la conclusione di contratti di swap, di ridurre le conseguenze negative derivanti dai tassi variabili che salivano. I contratti di swap vengono strutturati in modo tale che le rate da pagarsi diventino uguali, come se l'indebitamento fosse a tasso fisso e non variabile. Ciò consente alle società una migliore programmazione del flusso di pagamenti e anche un momentaneo sollievo dai loro oneri finanziari. In una situazione del genere il contratto di swap ha essenzialmente funzione di copertura. Naturalmente può capitare anche la situazione opposta: la società si è indebitata a tasso fisso, si supponga al 6%; dal momento che, nel frattempo, i tassi variabili si sono abbassati, si supponga al 3%, l'impresa si trova a pagare interessi alti rispetto a quelli ora potenzialmente negoziabili sul mercato. Con un contratto di swap si può fare in modo che il tasso d'interesse "si trasformi" da fisso in variabile. D'altro canto i contratti di swap relazionati a tassi d'interesse servono anche agli intermediari, i quali, grazie alla loro conclusione, si assicurano contro il rischio opposto. Può, infatti, capitare che, a fronte di un finanziamento a tasso variabile, il tasso divenga particolarmente basso e ciò renda poco lucrativa l'operazione della banca. Con il contratto di swap si prevede non solo la soglia massima del tasso, sopra la quale è l'intermediario a dover versare una somma alla società, ma anche la soglia minima, sotto la quale spetta alla società versare una somma alla banca. L'intermediario può così realizzare l'obiettivo di mantenere lucrativo il finanziamento che ha concesso. Possiamo, quindi, sottolineare che i contratti di swap perseguono, fondamentalmente, una finalità di riduzione del rischio.

- Finalità speculativa, detta anche di trading, che consiste nell'assumere un rischio finanziario con l'intento di conseguire un profitti basandosi sulle previsioni circa l'andamento di determinate variabili finanziarie. Ciò avviene in particolare quando non vi è un previo indebitamento sottostante rispetto al quale "assicurarsi", ma solo l'obiettivo di speculare sulle variazioni dei tassi d'interesse. In altre parole alcune volte i contratti di swap vengono utilizzati non per ridurre un rischio, ma per crearlo.

- Finalità di arbitraggio, che consiste nell'acquistare strumenti finanziari o beni in un mercato e venderli simultaneamente in un altro mercato in modo da ottenere un guadagno derivante dalle differenze di prezzo fra i due mercati.

Interest Rate Swap

Gli Interest Rate Wwap (IRS) sono contratti in cui due controparti si scambiano pagamenti periodici di interessi, calcolati su una somma di denaro, detta capitale nozionale di riferimento (notional principal amount), per un periodo di tempo predefinito pari alla durata del contratto, e cioè fino alla scadenza (maturity date) del contratto stesso. Da sottolineare che non c'è scambio di capitali, ma solo di flussi corrispondenti al differenziale fra i due interessi, di solito uno fisso e uno variabile. Il nome "interest rate swap" deriva dal fatto che i pagamenti effettuati sono simili ai pagamenti di interessi su un debito.

Si tratta, in pratica, di un contratto su tassi di interesse, in base al quale due controparti si impegnano a scambiare periodicamente dei flussi di liquidità calcolati sulla base di:

- Un tasso di interesse fisso predeterminato al momento della stipula.
- Un tasso di interesse variabile rilevato puntualmente alle varie scadenze.
- Un ammontare nominale di riferimento.

Dal punto di vista economico, l'IRS è assimilabile all'accensione contestuale di un deposito e di un finanziamento: il deposito è a tasso variabile (fisso) mentre il finanziamento è a tasso fisso (variabile); diversamente da quanto accadrebbe nel caso della contemporanea attivazione di un deposito e di un finanziamento, l'IRS viene attivato senza alcuno scambio di capitali.

La parte che paga tasso fisso è detta "fix payer"; la parte che paga tasso variabile è detta "fix receiver".

Convenzionalmente gli I.R.S. contro Euribor prevedono il pagamento del flusso relativo al tasso fisso annualmente con base di calcolo 30/360 e il pagamento del flusso relativo al tasso variabile semestralmente con base di calcolo Act/360 (dove "act" = giorni effettivi di calendario). L'ammontare nominale di riferimento, che non è oggetto di trasferimento materiale, è l'importo sul quale verranno calcolati i flussi di interesse dovuti da ciascuna controparte.

- Stipulando un I.R.S. in cui si paga un tasso fisso e si incassa un tasso variabile si può trasformare una passività a tasso variabile in una a tasso fisso, e, quindi, proteggersi da un rialzo dei tassi.
- Viceversa, stipulando un I.R.S. in cui si incassa un tasso fisso e si paga un tasso variabile si può trasformare una passività a tasso fisso in una a tasso variabile, e, quindi, sfruttare un ribasso dei tassi.

Gli interest rate swap sono tipicamente identificati in base alla scadenza e alla frequenza dei pagamenti.

Ad esempio, un "4Y/6m IRS" è uno swap con maturity pari a 4 anni e nel quale i flussi di interessi vengono scambiati ogni 6 mesi. Le principali caratteristiche dell'IRS sono:

- Il contratto ha scadenze che superano l'anno.
- È scambiato su mercati Over the Counter.
- Ha le scadenze dei pagamenti (flussi) determinate a 3,6,9,12 mesi, ma le parti si possono accordare anche diversamente.
- Può essere ceduto a un'altra controparte rinegoziandone le caratteristiche.
- La tassazione delle plusvalenze è pari al 26%.

Da notare che i contratti di Interest Rate Swap sono segnalati alla Centrale Rischi da parte della Banca proponente nei confronti della azienda stipulante. Quindi, questi strumenti finanziari vanno ad appesantire la posizione debitoria della azienda che li stipula, e vengono segnalati in una apposita sezione denominata Derivati Finanziari proprio per il rischio che possono creare sulla sua solidità.

Esistono numerose tipologie di IRS; la più diffusa, denominata plain vanilla swap, presenta le seguenti caratteristiche:

- La durata dello swap è un numero intero di anni.
- Uno dei due flussi di pagamenti è basato su un tasso di interesse fisso, mentre l'altro è indicizzato a un tasso di interesse variabile.
- Il capitale nozionale resta costante per tutta la vita del contratto.

Gli elementi fondamentali di un plain vanilla swap, da indicare nel contratto, sono:

- La data di stipula del contratto (trade date).
- Il capitale nozionale di riferimento (notional principal amount), che non viene scambiato tra le parti e serve unicamente per calcolare gli interessi. Attenzione, il capitale nozionale resta costante per tutta la vita del contratto.
- La data di inizio (effective date), ossia da quando cominciano a maturare gli interessi, normalmente due giorni lavorativi dopo la data di stipula.
- La data di scadenza (maturity date) del contratto.
- Le date di pagamento (payment dates), ossia le date in cui vengono scambiati i flussi di interessi.
- Il livello del tasso fisso.
- Il tasso variabile di riferimento e la relativa data di rilevazione (fixing date).
- L'accordo delle parti: la parte che paga il fisso, ad esempio un'azienda, e la parte che paga il variabile, ad esempio una banca.

L'importo da scambiare, detto differenziale, è determinato da:

$$\Delta s = (TV - TF) \times Cn \times (gg/360)$$

dove:

- Δs è il differenziale che, se positivo, viene pagato all'acquirente dello swap, cioè il soggetto che si trova in posizione long sulla gamba variabile, ossia che riceve il pagamento della quota di interessi variabile, e short sulla gamba fissa, ossia che paga la quota di interessi fissa.
- TF e TV sono rispettivamente il tasso fisso e tasso variabile.
- Cn è il capitale nozionale.
- (gg/360) è il fattore tempo che diviene 1 se la scadenza è annuale.

Quindi:
- Se TV > TF allora chi è in posizione long (acquirente) sulla gamba variabile incassa il differenziale.
- Se TV < TF allora chi è in posizione long (acquirente) sulla gamba variabile paga il differenziale.

Nella prassi si definisce acquirente dello swap chi corrisponde i pagamenti a tasso fisso e riceve quelli a tasso variabile; si suole anche dire che tale soggetto assume una posizione lunga (long swap position); simmetricamente, venditore è colui che in cambio del tasso variabile riceve il tasso fisso e si dice che assume una posizione corta (short swap position).

Il flusso dei pagamenti di interessi a tasso fisso è detto "gamba fissa"; il controvalore di ciascun pagamento è dato dal prodotto del capitale nozionale per il tasso fisso contrattualmente stabilito e riferito alla frazione d'anno di pertinenza (fixed rate day count fraction).

Il flusso dei pagamenti a tasso variabile è detto "gamba variabile"; il relativo controvalore unitario è il risultato del prodotto del capitale nozionale per il tasso variabile fissato alla data di rilevazione indicata nel contratto (fixing date) e riferito alla frazione d'anno di pertinenza (floating rate day count fraction).

- Si definisce tasso swap (swap rate) quel valore del tasso fisso che rende nullo il valore del contratto al momento della sua stipula. Si determina eguagliando il valore attuale dell'insieme dei pagamenti della gamba fissa al valore attuale dell'insieme dei pagamenti della gamba variabile. In queste condizioni, le due prestazioni, al momento della stipula, sono equivalenti e si ha un "At the Money par swap".

Durante la vita del contratto, la valutazione a un dato momento di uno swap è data dalla differenza tra i valori attuali dei flussi di pagamenti delle due gambe, fissa e variabile, ancora dovuti in base alla previsione contrattuale. Le variazioni del tasso variabile, rispetto ai livelli ipotizzati al momento della conclusione del contratto, determinano il profilo di rischio/rendimento del plain vanilla swap. In particolare, se il tasso variabile risulta superiore alle aspettative, l'acquirente dello swap, cioè colui che è obbligato a pagare il tasso fisso, matura un profitto, in quanto, fermo restando i pagamenti a tasso fisso cui è obbligato, riceverà pagamenti a tasso variabile di importo superiore a quanto previsto, e il venditore una perdita, mentre se il tasso variabile scende è il venditore a conseguire un profitto. Da notare, infine, che gli IRS possono essere "par" o "non par":

- I contratti "par" sono strutturati in modo tale che le prestazioni delle due controparti siano agganciate al livello dei tassi di interesse corrente al momento della stipula del contratto; a tale data il contratto ha quindi un valore di mercato nullo per entrambe le controparti.
- I contratti "non par", invece, presentano al momento della stipula un valore di mercato negativo per una delle due controparti, poiché uno dei due flussi di pagamento non riflette il livello dei tassi di mercato. In generale, i termini finanziari della transazione vengono riequilibrati attraverso il pagamento di una somma di denaro alla controparte che accetta condizioni più

penalizzanti; tale pagamento, che dovrebbe essere pari al valore di mercato negativo del contratto, prende il nome di up front". La parte avvantaggiata, di solito l'intermediario, dovrà versare alla controparte svantaggiata una somma iniziale (up front) che dovrebbe essere pari al valore di mercato negativo, il mark-to-market, del contratto al momento della stipula. Se ciò non avviene, ci si trova di fronte a costi impliciti per la parte penalizzata.

Esempio

Si consideri un interest rate swap di tipo plain vanilla in cui:
- Il nozionale è pari a 100.000 euro.
- Il tasso fisso nominale annuo è pari al 2,5%.
- Il tasso variabile è il Libor a 6 mesi più uno spread dello 0,5%.
- Il tasso Libor relativo al primo periodo è fissato al 2%.
- La data di stipula del contratto è il 4 novembre.
- La prima effective date, data a partire dalla quale cominciano a maturare gli interessi, è il 6 novembre.
- La durata dello swap è di due anni.
- Il periodo di liquidazione degli interessi è semestrale per entrambe le gambe (cioè per entrambi i flussi di pagamento).

Si ipotizza una certa evoluzione per l'andamento del Libor a sei mesi.

- Alla prima data di liquidazione degli interessi, 6 maggio, l'acquirente dello swap, cioè colui che paga il tasso fisso, pagherà alla controparte la somma di 1.250 euro (100.000 x 2,5% : 2) e riceverà, avendo ipotizzato il Libor per il primo periodo pari al 2%, la stessa somma di 1.250 euro, conseguente all'applicazione al nozionale di un tasso annuo del 2,5% (che, considerato il periodo di riferimento semestrale, deve essere diviso per due), dato dal Libor (2%) + lo spread (0,5%).

- Alla seconda data di liquidazione, 6 novembre, ipotizziamo che il livello del Libor sia pari a 2,2%. L'acquirente continuerà a pagare 1.250 euro, ma riceverà la somma di 1.350 euro, conseguente all'applicazione al nozionale del tasso annuo del 2,7%, dato dal Libor (2,2%) + lo spread.
- Alla terza data di liquidazione, 6 maggio, ipotizziamo un livello del Libor pari al 2,4%. L'acquirente, a fronte del solito pagamento di 1.250 euro, riceverà la somma di 1.450 euro, conseguente all'applicazione al nozionale del tasso annuo del 2,9%, dato dal Libor (2,4%) + lo spread.
- Alla quarta e ultima data di liquidazione, 6 novembre, con un Libor ipotizzato al 2,1%, l'acquirente pagherà come sempre 1.250 euro e riceverà 1.300 euro, derivanti dall'applicazione al nozionale del tasso annuo del 2,6%, dato dal Libor (2,1%) + lo spread.

Esempio

La Banca A propone all'Impresa B un contratto per la copertura di un rischio di oscillazione dei tassi di interesse, su un capitale nozionale di 2.000.000 di euro per la durata di tre anni a partire dal periodo t: Inizio il 1/6/t e con scadenza il 1/6/t+3.

L'accordo prevede che l'azienda pagherà un tasso fisso del 4,30% a ogni scadenza (giugno di ogni anno a partire dal periodo t).

La Banca, invece, si impegna a pagare un tasso variabile euribor 3 mesi rilevato il giorno precedente a ciascuna scadenza del contratto.

Il pagamento avviene mediante scambio di differenziali a ogni scadenza di periodo.

Supponiamo che l'euribor di riferimento sia:

- 4,00% al periodo t.

- 4,50% al periodo t+1.
- 5,00% al periodo t+2.

Alla fine il vantaggio per l'impresa è dato da:

$$(-6.000+4.000+14.000) = 12.000$$

che riceve dalla banca e neutralizza il suo rischio al rialzo dei tassi.

Scadenze	Euribor	Tasso Fisso	Pagam. Banca	Pagam. Impresa	Differ.	Saldo Banca	Saldo Impresa
anno t	4,00%	4,30%	80.000	86.000	6.000	6.000	- 6.000
annpo t+1	4,50%	4,30%	90.000	86.000	4.000	- 4.000	4.000
anno t+2	5,00%	4,30%	100.000	86.000	14.000	-14.000	14.000

Graficamente:

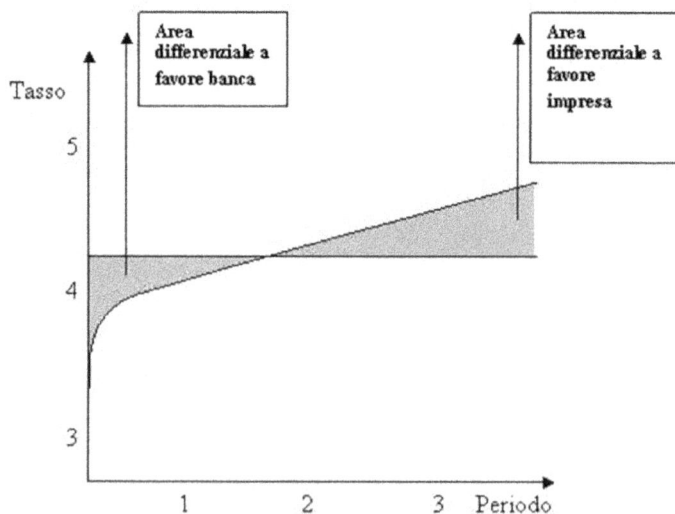

Il contratto di Interest Rate Swap può essere utilizzato con diverse finalità:

- Finalità di copertura (Hedging) - Un contratto di Interest Rate Swap, se il soggetto ha dei debiti a tasso variabile e assume una posizione lunga ha la caratteristica di copertura contro il rischio di aumento del tasso di interesse sul mercato. Infatti, l'acquirente che paga un fisso e riceve un tasso variabile sul capitale nozionale di stipula andrà a guadagnare in una situazione di tassi in risalita; quanto riceve come differenziale a suo favore gli consente di neutralizzare quanto deve a tasso variabile. Si tutela perciò dal rischio di oscillazioni dei tassi, stabilendo subito quale tasso andrà a pagare per la durata del contratto swap.

- Finalità speculative - Un contratto di Interest Rate Swap può avere anche finalità speculative. Questi tipi di contratti sono molto utilizzati da Hedge Fund o da altri investitori che hanno determinate attese sui tassi di interesse. Un soggetto che prevede una riduzione dei tassi sul mercato infatti potrebbe comprare (posizione Long) dei titoli obbligazionari a reddito fisso. Il valore dei titoli a reddito fisso, per effetto della riduzione dei tassi, tende ad aumentare (guadagno in conto capitale). Lo stesso soggetto (supponendo lo scenario di riduzione dei tassi), potrebbe tuttavia vendere un contratto di Interest Rate Swap, assumendo quindi una posizione Short. Chi assume la posizione short su questo tipo di contratto paga il tasso variabile e riceve il tasso fisso, avvantaggiandosi quindi da uno scenario di tassi in discesa.

Da tener presente che esiste anche l'Interest rate swap con opzione di cancellazione, altrimenti chiamato Cancellable Swap. Un IRS con opzione di cancellazione è una struttura per la copertura del rischio di tasso d'interesse, che ha incorporata la facoltà di estinzione anticipata, senza alcun versamento a titolo di penale.·

- In un IRS "tradizionale", nel caso in cui la banca B desideri estinguere la sua posizione anticipatamente, la banca A effettuerà una valutazione del contratto ai tassi di mercato, e se essa comporta una perdita per la banca B, la stessa dovrà versare l'equivalente monetario alla banca A per chiudere la posizione.
- In un IRS con "opzione di cancellazione", la banca B paga un tasso maggiore rispetto a quello di un IRS tradizionale, ma acquista la facoltà di chiudere lo swap anticipatamente alla data fissata e a costo zero, anche se il valore dello swap a tale data comportasse un perdita per la banca B, e quindi un guadagno per la banca A.

Esempio

Si consideri il caso in cui la banca B volesse incassare per 15 anni un tasso variabile pari all'Euribor 6 mesi; sulla base dei vigenti tassi di mercato la stessa dovrebbe pagare alla banca A, ad esempio, un tasso fisso del 5,22%. Tuttavia, supponiamo che la stessa banca B desidera avvalersi della facoltà di estinzione anticipata, da esercitarsi eventualmente al 7° anno.

Ipotizziamo che il costo per l'acquisto della facoltà di estinzione anticipata, a costo zero ovvero senza liquidazione del valore corrente dello swap, per la banca B al 7° anno sia pari a 55 basis points in unica soluzione, o, in alternativa, 11 basis points annui, da pagare fino al 7° anno sul debito residuo di periodo.

Di conseguenza:

- Dal 1° al 7° anno la banca B paga il 5,22% + 0,11% = 5,33% e incassa il tasso variabile.
- Dal 7° al 15° anno la banca B ha due opzioni:

✓ Continua a pagare il 5,22% e incassa il tasso variabile.

✓ Chiude la posizione a Costo Zero.

Altra variante è l'Interest rate swap con opzione di permutazione. Un IRS con opzione di permutazione è una struttura per la copertura del rischio di tasso d'interesse, che ha incorporata la facoltà concessa alla banca B di convertire il tasso variabile in tasso fisso, a una certa data.

- In un IRS "tradizionale", nel caso in cui la banca B desideri permutare la tipologia di flussi di interessi pagati e incassati, sarebbe costretta a estinguere il contratto; in tal caso la banca A effettuerà una valutazione del contratto ai tassi di mercato e se essa comporta una perdita per la banca B, la stessa dovrà versare l'equivalente monetario alla banca A per chiudere la posizione, e successivamente procedere alla rinegoziazione del nuovo contratto.

- In un IRS con "opzione di permutazione", la banca B paga un tasso maggiore rispetto a quello di un IRS tradizionale, ma acquista la facoltà di permutare il tasso variabile che incassa nel corrispondente tasso fisso che paga, senza sostenere alcun costo addizionale.

Riprendendo l'esempio precedente, abbiamo visto che la banca B che volesse incassare per 15 anni un tasso variabile pari all'Euribor 6 mesi, dovrebbe pagare alla banca A un tasso fisso del 5,22%. Ipotizziamo che la stessa banca B desideri acquistare la facoltà di convertire i flussi di interessi al 5° anno.

Supponiamo che il costo per l'acquisto della facoltà di permutazione per la banca B al 5° anno sia pari a 58 basis points in unica soluzione, o, in alternativa, 12 basis points annui, da pagare fino alla scadenza dello swap sul debito residuo di periodo; pertanto l'importo della rata andrà a ridursi parallelamente alla diminuzione del debito ammortizzato.

Di conseguenza:
- Dal 1° al 5° anno la banca B paga il 5,22% + 0,12% = 5,34% e incassa il tasso variabile.
- Dal 5° al 15° anno la banca B ha due opzioni:
    - ✓ Continua a pagare il 5,22% + 0,12% = 5,34% e incassa il variabile.
    - ✓ Paga il tasso variabile + lo 0,12% e incassa il tasso fisso del 5,22%.

Esistono numerose varianti dell'Interest rate swap, ovvero:
- Overnight Indexed Swap
- Coupon Swap
- Basis Swap
- Cross-currency interest rate swap
- Zero Coupon Swap
- Step-Down Swap
- Step-Up Swap
- Tailored Swap
- Amortizing Swap

Overnight Indexed Swap

Gli Overnight Indexed Swap (OIS) sono una particolare categoria di Interest Rate Swap in cui si scambia un tasso fisso con un tasso variabile ottenuto come media geometrica dei tassi overnight giornalieri.

Gli swap su indici overnight sono divenuti particolarmente popolari sui mercati finanziari in euro quali strumenti atti a coprire e assumere posizioni. Sul mercato dell'euro essi sono prevalentemente riferiti al tasso EONIA (Euro Over Night Index Average), una media ponderata dei tassi negoziati per i prestiti overnight non garantiti sul mercato interbancario dell'area dell'euro. Le contrattazioni di swap sull'EONIA presentano un'alta concentrazione sulle scadenze pari o inferiori a tre mesi, e i corrispondenti tassi sono comunemente considerati il principale benchmark sul segmento a breve termine della curva dei rendimenti in euro. Banche, fondi pensione, compagnie di assicurazione, fondi d'investimento del mercato monetario e hedge fund fanno tutti ampio ricorso a questi strumenti a fini speculativi e di copertura sui movimenti dei tassi a breve.

- Una differenza di rilievo tra swap "overnight index" e "plain vanilla" risiede nella posizione (o"gamba") variabile: mentre nel primo caso essa viene determinata e corrisposta unicamente alla scadenza, nel secondo è calcolata a una certa data di regolamento, quindi, a priori rispetto al pagamento, e versata a quella successiva, quindi, a posteriori rispetto al calcolo.

Gli OIS sono altresì negoziati sui mercati del dollaro e di altre importanti valute, pur valute, pur non essendo considerati come benchmark. Lo status di riferimento della curva swap in euro è rispecchiato dalle prassi di quotazione delle obbligazioni societarie. Tali prassi dipendono spesso dal merito creditizio dell'emittente e dalla nazionalità dell'investitore.

I titoli in euro emessi da mutuatari di qualità bancaria sono solitamente quotati in termini di spread rispetto alla curva swap, mentre quelli di qualità non bancaria sotto forma di mero rendimento nominale.

L'impiego degli swap di tasso come benchmark si sta diffondendo anche sul mercato del dollaro USA, anche se tale processo è meno avanzato che sul mercato dell'euro.

- Gli OIS swap tendono ad avere relativamente breve durata, spesso tre mesi o meno; tuttavia, le transazioni che durano più a lungo (5-10 anni) stanno diventando sempre più comuni. Per gli swap di un anno o meno vi è un unico pagamento a scadenza pari alla differenza tra il tasso fisso e il tasso variabile moltiplicato per il capitale nozionale.

Se il tasso fisso è maggiore del tasso variabile, vi è un pagamento di chi paga il tasso fisso a chi paga il tasso variabile, altrimenti vi è un pagamento di chi paga il tasso fluttuante a chi paga il tasso fisso. Analogamente agli swap sul LIBOR, gli OIS a lungo termine sono divisi in tre sotto-periodi mensili e il pagamento viene effettuato alla fine di ogni subperiodo.

Collin-Dufresne e Solnik hanno dimostrato che il tasso swap a 5 anni per una transazione con pagamenti trimestrali è pari al tasso di 20 prestiti consecutivi a 3 mesi in cui il rating di credito della controparte è AA all'inizio di ciascun periodo.

Tale assunzione è ovviamente valida anche per gli OIS.

Sulla base di queste argomentazioni, si può concludere che il tasso OIS è un buon indicatore del tasso privo di rischio a lungo termine. La differenza tra Libor a tre mesi e overnight indexed swap a tre mesi viene chiamato Libor-OIS spread a tre mesi, questo riflette la differenza tra il rischio di credito di un prestito a tre mesi a una banca con una qualità di credito considerata accettabile e il rischio di credito continuamente aggiornato di prestiti giornalieri a banche con una qualità di credito considerata accettabile.

La OIS zero-curve si può ottenere in modo simile alla Libor/swap zero-curve. Se la curva è richiesta per maturity superiori alla scadenza del OIS più lungo, l'approccio naturale è supporre che il differenziale tra la curva OIS e la curva Libor/swap è pari a quello che si riscontra per la maturity più lunga della curva OIS per cui esistono dati affidabili.

Sottraendo questo spread alla Libor/swap zero-curve si può ottenere la continuazione della OIS zero-curve dopo la maturity per la quale non è possibile ottenere una misura affidabile del tasso OIS. In questo modo, si può creare una struttura a termine dei tassi di interesse risk free.

Un approccio alternativo per estendere la curva OIS zero è utilizzare i tassi basis swap, dove viene scambiato il tasso Libor a tre mesi con il tasso medio di fondi federali (federal funds) maggiorato di uno spread; tali swap hanno scadenze che arrivano fino ai 30 anni negli Stati Uniti; ali tipi di swap si basano su una media aritmetica e non geometrica dei tassi osservabili nei "federal funds" per il periodo considerato, per cui è necessario un aggiustamento della convexity.

Coupon Swap

Il Coupon Swap è un contratto con il quale due parti si scambiano un flusso di interessi a tasso fisso e uno a tasso variabile nella medesima valuta (floating-to-fixed swap).

In un coupon swap una parte effettua pagamenti in date stabilite e per un periodo prefissato applicando un tasso fisso a un capitale nozionale per tutta la durata del contratto e riceve contestualmente dalla controparte flussi di pagamento calcolati applicando un tasso variabile al medesimo capitale nozionale.

- Il sottoscrittore del coupon swap che si impegna a corrispondere il tasso fisso è detto fixed rate payer: egli si attende un rialzo nei tassi di interesse e intende, perciò, fissare il costo di una passività o indicizzare il rendimento di un'attività.

- Al contrario, il sottoscrittore che si impegna a corrispondere il tasso variabile è detto floating rate payer: egli si attende un ribasso nei tassi di interesse e intende, perciò, indicizzare il costo di una passività o fissare il rendimento di un'attività.

Gli elementi che caratterizzano un coupon swap sono: il capitale di riferimento, la data di stipula del contratto, la data a partire dalla quale iniziano a decorrere gli interessi (data effettiva), la durata dello swap, la data di liquidazione periodica degli interessi (data di settlement).

In corrispondenza di ogni data di settlement si calcolano gli interessi di entrambi i sottoscrittori e si procede alla liquidazione della differenza tra i due flussi. In particolare, se il tasso fisso supera il tasso variabile il fixed rate payer deve versare l'importo differenziale al floating rate payer; se il tasso variabile è superiore a quello fisso, le posizioni delle due controparti si invertono.

Esempio

La società XXX ha acceso presso un istituto di credito un finanziamento di 500.000 euro al tasso fisso dell'11%, della durata di 5 anni.

La società YYY ha stipulato un finanziamento con medesimo importo e pari durata, ma a tasso variabile LIBOR a sei mesi.

Attendendosi una riduzione dei tassi di interesse, la società XXX desidera trasformare il tasso passivo da fisso a variabile.

Sulla base di aspettative opposte a quelle della società XXX, la società YYY ritiene più conveniente indebitarsi a tasso fisso.

Sottoscrivendo un coupon swap le due società potranno invertire le proprie posizioni relativamente al tasso di interesse del debito contratto nei confronti dell'istituto di credito: la società XXX si impegna a versare alla controparte gli interessi relativi al LIBOR a sei mesi e la società YYY si impegna a versare alla società XXX l'ammontare definito nella misura dell'11%.

Allo scadere di ogni periodo di maturazione degli interessi il flusso reale del pagamento sarà dato dal saldo dei due tassi di interesse , il tasso LIBOR a sei mesi in corrispondenza della data di settlement e il tasso prefissato pari all'11%.

In particolare, se il tasso LIBOR a sei mesi risulterà superiore all'11%, XXX dovrà versare l'importo a YYY; viceversa, se il tasso LIBOR a sei mesi risulterà inferiore all'11% sarà la società YYY a effettuare il versamento alla società XXX.

Ciascuna delle due società rimane, comunque, l'unica obbligata nei confronti dell'istituto di credito.

Si supponga che i periodi di maturazione degli interessi siano annuali.

- Il primo anno il tasso LIBOR è pari al 11%: il saldo tra i due interessi è nullo.
- Il secondo anno il tasso LIBOR è pari a 12%: il saldo tra i due interessi è del 1% e, quindi, la società XXX

versa alla YYY un importo di 500.000 x 1% = 5.000 euro.

- Allo scadere del terzo anno il tasso LIBOR a sei mesi è sceso al 10,5%: il saldo tra i due tassi è dello 0,5%; la società YYY versa a XXX un ammontare pari a 500.000 x 0,5% = 2.500 euro.
- Alla quarta data di settlement il LIBOR è pari al 10%: la società YYY versa a XXX un ammontare pari a 500.000 x 1% = 5.000 euro.
- Infine, allo scadere del quinto anno il LIBOR è del 12,5%: la società XXX versa alla società YYY un importo pari a 500.000 x 1,5% = 7.500 euro.

Basis Swap

Il Basis Swap è un contratto con il quale due parti si scambiano flussi di interessi entrambi a tasso variabile nella medesima valuta (floating-to-floating swap) in base a diversi mercati monetari.

Ad esempio, un tasso Libor scambiato con un tasso sulla carta commerciale sullo stesso ammontare dei principali nozionali; questo di solito è fatto per limitare il rischio di tasso di interesse che una società deve affrontare come risultato di avere tassi attivi e passivi differenti.

Due tipi particolari di Basis Swap sono rappresentati dal Constant Maturity Swap e dal Constant Treasury Swap.

- Il Constant Maturity Swap consiste nello scambiare un tasso Libor con un tasso swap; ad esempio, lo scambio ogni 6 mesi, per i prossimi 3 anni, del Libor a 6 mesi con il tasso swap a 7 anni.

- Il Constant Treasury Swap consiste nello scambiare un tasso Libor con un tasso di un titolo di Stato (Treasury).

Cross-currency interest rate swap

Il Cross-currency interest rate swap è un contratto con il quale due parti si scambiano due flussi di interessi denominati in due diverse valute (fixed-to-fixed swap).

Il cross currency interest rate swap (CCIRS) appartiene alla categoria degli swap in valuta. Si distingue per il fatto che le gambe dello swap, ossia i flussi di pagamento effettuati da entrambe le controparti, sono denominate in valute diverse e calcolate in base a un tasso di riferimento variabile.

- Il valore nozionale è espresso in entrambe le valute in base al tasso di cambio in vigore al momento della stipula dello swap. In virtù di questa caratteristica, mentre nel normale interest rate swap il capitale nozionale non viene mai scambiato, nel cross currency interest rate swap è assolutamente necessario che le parti scambino anche il nozionale, sia all'inizio, sia alla scadenza dell'accordo.

Un CCIRS può essere paragonato a una serie di currency forwards; infatti, tutti i pagamenti effettuati da una parte e relativi a una gamba vengono espressi in una determinata valuta, mentre tutti gli incassi, ossia i pagamenti relativi all'altra gamba, vengono espressi in una diversa valuta.

- In un CCIRS un soggetto si impegna a effettuare pagamenti periodici calcolati applicando un tasso di interesse, generalmente variabile, a un capitale nozionale, entrambi espressi in una determinata valuta.
- Viceversa, la controparte si impegna a effettuare una serie di pagamenti, alle medesime scadenze, calcolati applicando al medesimo capitale nozionale un tasso di interesse variabile, entrambi espressi in un'altra valuta.

Il CCIRS permette a un'impresa di cambiare la valuta in cui è espresso un debito ed eventualmente sostituire un tasso fisso con uno variabile o viceversa; in questo modo è possibile accendere un debito nella valuta in cui si possono ottenere le migliori condizioni, per poi trasformarlo in un debito espresso in una diversa valuta, ad esempio, la valuta che si incassa a seguito di transazioni commerciali internazionali.

Esempio

L'impresa Beta, operante negli Stati Uniti, ha contratto tre anni fa un debito in dollari a un tasso di interesse variabile.

Negli ultimi anni l'attività ha subito un forte incremento, soprattutto a livello internazionale. Attualmente Beta esporta continuativamente i suoi prodotti in Europa, perciò riceve pagamenti in euro.

Beta decide allora di stipulare un Cross Currency Interest Rate Swap per modificare la valuta nella quale è espresso il suo debito.

Esemplificazione del flusso dei pagamenti (tasso di cambio 1,80 $/€):

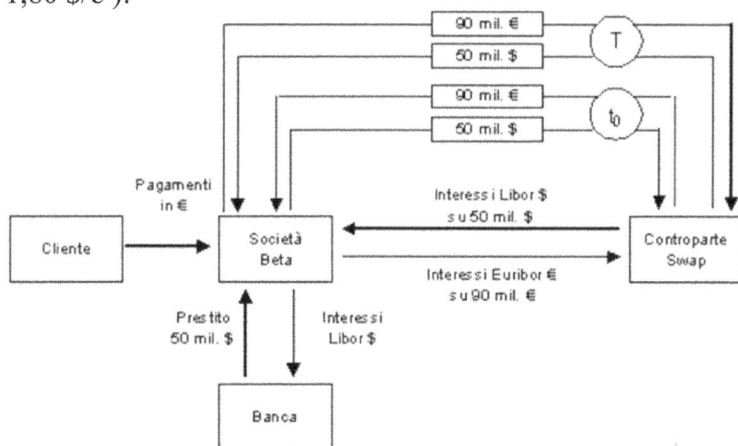

Zero Coupon Swap

E' una particolare struttura di Interest Rate Swap che prevede sempre lo scambio di flussi di cassa valorizzati a tassi diversi, ma con la particolarità che:

- I flussi variabili del contratto sono regolati periodicamente alle scadenze contrattualmente previste, come nel caso di un plain vanilla swap.
- Il flusso fisso è corrisposto in un unico pagamento che può essere corrisposto alla scadenza dello contratto stesso oppure può essere anche anticipato: in questo caso il pagamento è detto up-front.

Trattasi di strumento derivato per coprire emissioni obbligazionarie zero coupon.

Esempio

Un I.R.S. standard determina al momento della stipula del contratto un tasso fisso che determina dei flussi annuali, pertanto l'azienda pagatrice di tasso fisso 4% per 5 anni per un nominale di 10 miliardi sa che annualmente avrà flussi passivi costanti per 400 milioni.

Con uno Zero Coupon Swap, invece, si viene a creare un unico flusso passivo finale equivalente al tasso fisso del 4% annuo.

Step Down Swap

E' una particolare struttura di Interest Rate Swap che prevede sempre lo scambio di flussi di cassa valorizzati a tassi diversi, ma con la particolarità che a fronte di flussi variabili regolati periodicamente alle scadenze contrattualmente previste, secondo lo schema standard, i flussi fissi sono essere caratterizzati da una struttura fissa ma decrescente.

Esempio

Un I.R.S. standard determina al momento della stipula del contratto un tasso fisso che rimane invariato per tutta la durata dell'operazione, pertanto l'azienda pagatrice di tasso fisso 5% per 3 anni per un nominale di 10 miliardi sa che annualmente avrà flussi passivi costanti per 500 milioni.

Con uno Step-Down Swap, invece, potrà creare un piano di flussi passivi decrescenti, anticipando quindi i propri esborsi, mediante una serie decrescente di tassi fissi validi ognuno per 1 anno.

L'azienda pagatrice di tasso fisso per 3 anni per un nominale di 10 miliardi potrà pagare:
- Il 6.50% il primo anno.
- Il 5.00% il secondo.
- Il 3.50% il terzo anno, spostando così il baricentro finanziario del proprio indebitamento nel futuro più prossimo.

Step Up Swap

E' una particolare struttura di Interest Rate Swap che prevede sempre lo scambio di flussi di cassa valorizzati a tassi diversi, ma con la particolarità che a fronte di flussi variabili regolati periodicamente alle scadenze contrattualmente previste, secondo lo schema standard, i flussi fissi sono essere caratterizzati da una struttura fissa ma crescente.

Esempio

Un I.R.S. standard determina al momento della stipula del contratto un tasso fisso che rimane invariato per tutta la durata dell'operazione, pertanto l'azienda pagatrice di tasso fisso 4% per 5 anni per un nominale di 10 miliardi sa che annualmente avrà flussi passivi costanti per 400 milioni.

Con uno Step-Up Swap, invece, potrà creare un piano di flussi passivi crescenti, posticipando quindi i propri esborsi nel tempo, mediante una serie crescente di tassi fissi validi ognuno per 1 anno.

L'azienda pagatrice di tasso fisso per 5 anni per un nominale di 10 miliardi potrà pagare:

- Il 3% il primo anno
- Il 3,50% il secondo
- Il 4,00% il terzo
- Il 4,50% il quarto
- Il 5,00% il quinto anno, spostando così il baricentro finanziario del proprio indebitamento negli anni futuri.

Tailored Swap

E' una particolare struttura di Interest Rate Swap che, in date prestabilite, varia il tasso fisso in modo da adeguarsi perfettamente al piano di indebitamento dell'azienda nel corso degli anni e fornire un'efficace copertura dal rischio di tasso.

Esempio

Un'azienda ottiene un finanziamento a 3 anni a fronte del quale paga un interesse passivo semestrale variabile maggiorato di uno spread crescente nel tempo:
- Euribor 6 mesi +0,10
- Euribor 6 mesi +0,20
- Euribor 6 mesi +0,30
- Euribor 6 mesi +0,40
- Euribor 6 mesi +0,50
- Euribor 6 mesi +0,60

A fronte di questo particolare finanziamento è possibile stipulare un I.R.S. con il quale l'azienda paga un tasso fisso del 5,25% e incassa semestralmente il tasso Euribor 6 mesi + spread previsto dal finanziamento, in modo da proteggersi puntualmente e perfettamente dal rischio di tasso.

Oppure, un'azienda ottiene un finanziamento a 5 anni a fronte del quale paga un tasso fisso:
- Del 4% il primo anno
- Del 6% il secondo anno
- Del 5% il terzo anno
- Del 7% il quarto anno
- Del 5,50% il quinto anno

Volendo trasformare il finanziamento da tasso fisso a tasso variabile per sfruttare un ribasso dei tassi, con un contratto di Tailored Swap è possibile replicare specularmente i flussi a tasso fisso, in modo da sfruttare puntualmente e completamente il ribasso previsto.

Amortizing Swap

E' una particolare struttura di Interest Rate Swap nella quale l'ammontare nominale varia nel corso degli anni in modo decrescente.

Può variare sia a rate costanti sia secondo uno specifico piano di ammortamento in modo da riprodurre perfettamente il piano di rimborsi periodici del finanziamento a fronte del quale si effettua la copertura dal rischio di tasso. Strumento derivato per coprire mutui.

Esempio

Un'azienda ottiene un finanziamento a 10 anni a tasso fisso 6% con rimborso del capitale costante pari a 1 miliardo all'anno.

Volendo trasformare il finanziamento da tasso fisso a tasso variabile per sfruttare un ribasso dei tassi, con un contratto di Amortizing Swap è possibile replicare anche il piano di ammortamento previsto dal finanziamento.

Currency Swap

I currency swap, letteralmente "scambio di valute", sono contratti in cui due parti si scambiano il capitale e gli interessi espressi in una divisa contro capitale e interessi espressi in un'altra divisa.

Caratteristica ricorrente dei currency swap è che entrambi i flussi di pagamenti sono a tasso variabile e che i capitali nozionali sono scambiati una prima volta all'inizio del contratto e poi alla data di scadenza dello swap.

Un simile contratto comporta:

- Uno scambio a pronti di una data quantità di una valuta in cambio di un'altra valuta al tasso di cambio corrente.
- Uno scambio di segno opposto a termine, al medesimo tasso di cambio.
- La corresponsione da parte di entrambe le controparti, per tutta la durata del contratto, degli interessi periodici maturati sull'ammontare di valute scambiate.

Ognuna delle due controparti assume contemporaneamente una posizione lunga, relativa a un'attività, che frutta interessi attivi nella valuta di denominazione di tale posizione, e una posizione corta, relativa a una passività, che comporta interessi passivi nella valuta di denominazione della posizione corta.

La sottoscrizione di un currency swap è motivata da uno dei seguenti obiettivi:

- Possibilità di modificare una passività esistente, trasformando la valuta di denominazione e la modalità di determinazione del tasso di interesse, fisso e/o variabile.
- Creazione di titoli sintetici ossia titoli ottenuti dalla combinazione delle caratteristiche di diversi strumenti finanziari.

- Copertura (hedging) contro il rischio di cambio.

I due nozionali, denominati in valute diverse, sono di solito scelti in modo da essere approssimativamente uguali se valutati al tasso di cambio corrente osservato sul mercato alla data di stipula del contratto.

Se, ad esempio, un euro vale 1,23 dollari (e allora si dice che il rapporto euro/dollaro è pari a 1,23), a un nozionale di 100.000.000 di euro dovrà corrispondere un nozionale di 123.000.000 dollari.

Tale uguaglianza non è detto che permanga durante la vita del contratto, allorché il variare del rapporto di cambio fra le valute determina una variazione del valore dei nozionali.

Esempio

Ipotizziamo un'azienda manifatturiera italiana che abbia venduto merci negli Stati Uniti per un controvalore di un milione di dollari e che si attenda di essere pagata in dollari tra novanta giorni. Fra tre mesi, inoltre, l'azienda dovrà pagare materie prime e operai.

Nel caso in cui nel trimestre il dollaro si deprezzi, o l'euro si apprezzi, l'azienda riceverà il pagamento, convertirà il denaro in euro e quindi avrà meno di quanto sperava di ottenere; la cosa potrebbe persino comportare difficoltà per il pagamento dei fornitori e degli operai.

Entrando in un currency swap con nozionale di un milione di dollari e con cambio a 1,27 dollari per euro, invece, l'azienda europea pagherà un flusso di interessi calcolati su un milione di dollari e corrisponderà alla controparte a scadenza del contratto il milione di dollari, che peraltro riceverà dal suo cliente americano.

In cambio riceverà interessi calcolati su un nozionale di 787.400 euro, pari a un milione di dollari al cambio attuale di 1,27, e a scadenza il citato nozionale.

In questo modo il rischio di cambio risulta completamente coperto e per l'azienda sarà come ricevere direttamente un pagamento in euro.

Esempio

Si considerino due società, Alfa e Beta, che hanno la possibilità di accedere a un finanziamento a tasso variabile, Libor a 1 anno, su un medesimo capitale nozionale in dollari e in euro alle seguenti condizioni:

Alfa può indebebitarsi:

- In dollari al tasso Libor più uno spread dello 0,4%
- In euro al tasso Libor più uno spread dello 0,5%

Beta può indebitarsi:

- In dollari al tasso Libor più uno spread dello 0,5%
- In euro al tasso Libor più uno spread dello 0,4%

Come si vede, Beta paga lo 0,1% in più rispetto ad Alfa sui finanziamenti in dollari, mentre Alfa paga lo 0,1% in più rispetto a Beta sui finanziamenti in euro. Pertanto, Alfa gode di un vantaggio comparato rispetto a Beta sul mercato del debito in dollari, mentre Beta gode di un vantaggio comparato rispetto ad Alfa sul mercato del debito in euro.

Si supponga che Alfa desideri indebitarsi in euro e Beta desideri indebitarsi in dollari: siamo in presenza delle condizioni perfette per la stipulazione di un currency swap tra le due società.

Ogni società, infatti, si indebita nel mercato in cui gode di un vantaggio comparato, Alfa si indebita in dollari e Beta si indebita in euro e, attraverso un currency swap, Alfa provvede a trasformare il suo debito in dollari in uno in euro e Beta provvede a trasformare il suo debito in euro in uno in dollari.

Dal momento che la differenza tra i due finanziamenti in euro è dello 0,1%, e anche quella tra i due finanziamenti in dollari è dello 0,1%, lo swap consentirà una riduzione complessiva dell'interesse per indebitarsi pari allo 0,2% che sarà ripartita tra le parti secondo lo schema dei flussi di pagamento contrattualmente pattuito.

Di conseguenza:

- Alfa si finanzia in dollari al Libor + lo 0,4%
- Beta si finanzia in euro al Libor + lo 0,4%

Alfa e Beta stipulano un contratto di currency swap secondo il quale:

- Alfa consegna a Beta la somma finanziata in dollari e ottiene quella in euro.
- Alfa deve pagare periodicamente a Beta il Libor sull'euro aumentato di uno spread dello 0,4%.
- Beta deve pagare periodicamente ad Alfa il Libor sul dollaro aumentato dello 0,4%.
- Alla scadenza, Alfa riconsegnerà a Beta la somma in euro e riceverà quella in dollari.
- Alfa e Beta potranno così restituire ai propri finanziatori le somme nella stessa valuta in cui le hanno ricevute.

Questo esempio rappresenta la modalità di utilizzo di un currency swap al fine di realizzare un arbitraggio.

Esempio

Ipotizziamo che una società italiana abbia ottenuto un finanziamento 10.000 $.

Il prestito ha una durata di due anni e prevede la restituzione del capitale a scadenza e il pagamento semestrale degli interessi, con tasso di interesse pari al tasso Libor a sei mesi sul dollaro.

Per coprirsi dal rischio di cambio, la società stipula un Currency Swap euro contro dollaro, con nozionale pari all'importo del finanziamento; in questo modo la società si impegna a corrispondere alla controparte, ogni semestre e per tutta la durata del contratto, il tasso fisso su euro, ricevendo, in cambio, il tasso variabile su dollaro.

L'ammontare in euro dello swap è pari al prodotto tra il nozionale e il cambio a pronti €/$, al momento della stipula del contratto.

Si supponga che il cambio a pronti €/$ sia pari a 1,14 €/$.

La società versa alla controparte del contratto i dollari ottenuti dal finanziamento e riceve, in cambio, euro per un importo pari a:

10.000 $ x 1,14 €/$ = 11.400 €

Alla scadenza del contratto la società ottiene, dalla controparte dello swap, i dollari necessari al rimborso del capitale, in cambio di euro. Non esiste rischio di cambio sul capitale, dal momento che lo scambio a scadenza avviene sulla base del tasso di cambio utilizzato al momento della stipula del contratto, ovvero 1,14 €/$.

Attraverso la sottoscrizione dello swap, la società ha trasformato un finanziamento in dollari a tasso variabile in un finanziamento in euro a tasso fisso.

Domestic Currency Swap

Il domestic currency swap (D.C.S.) è una transazione finanziaria mediante la quale due controparti, aventi delle posizioni di uguale ammontare ma di segno opposto nella stessa valuta, annullano i rischi di cambio connessi a tali posizioni. Generalmente, in un contratto domestic currency swap le controparti sono costituite da un esportatore e da un importatore, i quali desiderano prefissare il valore del tasso di cambio al quale verranno regolati i loro rapporti in valuta. Naturalmente, l'interesse a intraprendere il contratto è reciproco quando:
- L'esportatore teme una possibile svalutazione del suo credito.
- L'importatore una rivalutazione del suo debito.

Il Domestic Currency Swap è nato quando sui contratti a termine era obbligatorio pagare il "fissato bollato" ed esistevano vincoli di utilizzo (il termine poteva essere acquistato solo in contropartita a flussi commerciali). Con il D.C.S., infatti, le operazioni a termine in valuta venivano trasformate in modo che alla scadenza venisse scambiato solo un differenziale.
Gli elementi costitutivi di un DCS sono:
- L'ammontare nominale, denominato in valuta.
- La scadenza del contratto.
- Il tasso di interesse sulla divisa numerario.
- Il tasso di interesse sulla divisa estera.
- Il cambio spot iniziale, cioè quello rilevato il giorno di decorrenza del contratto.
- Il tasso di cambio contrattuale, ovvero quello concordato dalle controparti sulla base del differenziale tra i tassi di interesse sulle due valute, applicato al cambio iniziale per i giorni di durata del contratto.

La caratteristica fondamentale dell'operazione, e che vale a differenziarla dalla semplice combinazione di due contratti forward, è data dal fatto che non vi è lo scambio degli importi valutari sottostanti.

Infatti, alle scadenze stabilite, le parti si scambiano solamente le differenze che si saranno verificate tra il tasso di cambio effettivo e il tasso di cambio prefissato.

Ad esempio, nel caso in cui, alla data di scadenza stabilita, il tasso di cambio a pronti si trovi al di sotto di quello prefissato, l'importatore verserà all'esportatore la differenza tra i due tassi.

- Di fatto, quindi, il Domestic Currency Swap si sostanzia in un contratto regolato in euro indicizzato a una valuta estera.

Poiché difficilmente sul mercato si trovano due controparti con posizioni valutarie esattamente speculari, il domestic currency swap presuppone, generalmente, l'intermediazione di un operatore bancario o finanziario, il quale, tra l'altro, si assume il rischio di insolvenza di una delle due parti.

Il DCS assume tutte le caratteristiche finanziarie ed economiche di un cambio a termine, dal quale differisce per la mancata movimentazione del capitale. L'espressione del prezzo avviene attraverso la medesima costruzione del premio che va a sommarsi al cambio a pronti.

Ne consegue che, se il soggetto A si rivolge alla banca B per ottenere una quotazione per acquistare 1.000.000 di dollari contro euro a 3 mesi, otterrà lo stesso prezzo sia tramite un cambio a termine, sia attraverso un DCS. Nell'ipotesi che lo spot $/€ quoti 0.90 € e il premio valga 0,02 €, il prezzo fornito al nostro acquirente di dollari sarà in entrambe le circostanze di 0.88 €. Ciò che differisce è il profilo di cassa alla scadenza dell'operazione:

- Nel caso del cambio a termine, l'acquirente di dollari riceverà dopo un mese 1.000.000 di dollari e verserà il controvalore alla banca, 880.000 €, indipendentemente dal livello raggiunto sul mercato dal cambio a pronti della divisa americana.

- Nel caso del DCS, l'acquirente effettua una liquidazione differenziale tra il cambio pattuito contrattualmente, 0,88, e il cambio vigente sul mercato spot alla scadenza dell'operazione.

Naturalmente gli scenari possibili sono tre, che identificano un apprezzamento, un'invarianza o un deprezzamento del rapporto di cambio alla scadenza dell'operazione rispetto al cambio contrattuale.

- Nel caso il dollaro si fosse attestato a 0,91 €, l'acquirente che inizialmente aveva pattuito un cambio di 0,90 € ha diritto a ricevere la differenza di 0,01 € per unità di dollaro che, nel nostro caso, in presenza di un importo nozionale di 1.000.000 di dollari, portano a una liquidazione globale di 10.000 €.
- Qualora allo scadere del mese il dollaro non avesse fatto rilevare variazioni mantenendosi a 0,90 € la liquidazione del DCS non porterebbe alcun movimento di cassa.
- Infine, in presenza di un deprezzamento del dollaro, ad esempio, 0,88 €, l'acquirente di dollari che ha pattuito un cambio di 0,90 € deve provvedere a versare la differenza di 0,01 per unità di dollaro, nel nostro esempio 20.000 €.

Invero il domestic currency swap non ha ancora portato alle medesime conclusioni economiche e finanziarie del contratto a termine, semplicemente perché non ha ancora fornito al soggetto A i dollari che deve pagare. In effetti non è compito dell'operazione di DCS provvedere all'acquisto di dollari, in quanto questa si limita alla fissazione di un cambio futuro; occorrerà, per ottenere il risultato atteso, intervenire sul mercato dello spot acquistando, al cambio vigente sul mercato alla scadenza del DCS che coincide con il cambio di liquidazione, l'importo di dollari necessario.

- Nell'ipotesi d'apprezzamento del dollaro 0,91 € l'acquisto di dollari avverrà a tale maggiore livello che però, decurtato dell'importo positivo di liquidazione del DCS 0,01 € porterà a un costo di 0,90 € per unità di dollaro.
- A 0,88 € la liquidazione del DCS non presenta flussi di cassa c anche l'acquisto di dollari avviene al medesimo cambio, definendo un costo globale di 0,90 € per unità di dollaro.
- Infine, la discesa del dollaro a 0,88 € offrirebbe la possibilità di acquistare le disponibilità necessarie a tale minor cambio, cui però andrebbero a sommarsi con segno negativo i flussi relativi alla liquidazione del DCS, 0,01 €, portando ancora una volta a un costo complessivo di 0,90 € per unità di dollaro.

In sostanza si è dimostrato che, a fronte di un'operatività di tipo commerciale, il ricorso a un'operazione a termine secco è del tutto alternativo a una copertura realizzata applicando il DCS a un'operazione a pronti. Se l'ottica operativa si sposta dalle esigenze commerciali a obiettivi speculativi, non è più necessario un intervento nel mercato spot, in quanto al nostro operatore non interessa la disponibilità dei dollari, ma semplicemente un risultato positivo a fronte di una sua valutazione sul futuro andamento dei mercati. Il DCS, che non prevede movimentazione di capitale, si presta molto bene a questo tipo d'attività, che comunque è assai rischiosa.

Nell'esempio precedente, l'acquirente di dollari non sarà più l'operatore commerciale che pone in essere una copertura a fronte di un futuro impegno finanziario denominato in valuta, ma puramente un rialzista sul rapporto di cambio $/€. Ne deriva che i differenziali calcolati in sede di liquidazione non rappresentano più dei correttivi rispetto al prezzo dell'operazione spot, ma indicano effettivamente utili o perdite: i 0,01 € identificano un utile, cosi come, al contrario, i 0,02 € indicano una perdita.

Asset Swap

Gli asset swap sono contratti in cui due parti si scambiano pagamenti periodici liquidati in relazione a un titolo obbligazionario (asset) detenuto da una di esse, e non, quindi, come per gli IRS , in relazione a una semplice somma di denaro. La determinazione dei flussi di cassa scambiati presuppone quindi l'individuazione di un'obbligazione che, di norma, è a tasso variabile; attraverso l'asset swap, chi detiene l'obbligazione può scambiare il tasso variabile a essa collegato con un tasso fisso. L'obbligazione sottostante può anche essere a tasso fisso e, in questo caso, il contratto consente di scambiare il tasso fisso con un tasso variabile e viene denominato reverse asset swap. Tuttavia questa distinzione terminologica non sempre è adottata nella pratica, dove viene indifferentemente usata la dizione asset swap.

- Chi detiene l'obbligazione è detto asset swap buyer e corrisponde l'interesse connesso all'obbligazione, che può essere fisso o variabile.
- Per converso, l'asset swap seller riceve l'interesse dell'obbligazione e paga un tasso di natura diversa, se l'obbligazione è a tasso fisso pagherà un variabile e viceversa.

In caso di default del titolo obbligazionario, l'asset swap buyer cesserà i pagamenti, mentre l'asset swap seller continuerà a corrispondere l'interesse pattuito.

La funzione di questi contratti è quindi quella di scambiare un tasso fisso con un tasso variabile, e in ciò sono assimilabili agli IRS. In più vi è una parziale copertura contro il rischio di default di una determinata obbligazione. Gli asset swap sono generalmente costruiti in modo che il valore del contratto alla data di inizio dello stesso sia nullo. Questa circostanza, nel caso di titoli obbligazionari privi di rischi di credito si verifica, alternativamente, nei seguenti casi:

- Il valore attuale delle due gambe dello swap, ove l'attualizzazione viene eseguita scontando entrambi i flussi di pagamenti con la stessa curva dei tassi di interesse correnti di mercato (tassi spot), è il medesimo.
- Il prezzo del titolo sottostante è esattamente pari a 100 e una gamba dello swap è rappresentata dal tasso free risk, cioè il tasso di interesse corrisposto per un'attività assolutamente priva di rischio.

Qualora ciò non si verifichi, il valore del contratto non è nullo. Per riportarlo al valore zero si può operare secondo due modalità :
- Si innesta uno spread, denominato asset swap spread, sul tasso che definisce i flussi di pagamenti periodici corrisposti in cambio di quelli derivanti dall'obbligazione
- Si determina un contributo una tantum, denominato par adjustment.

Sempre con queste modalità operative, inserimento di un asset swap spread o determinazione di un par adjustment, viene anche gestita, attraverso calcoli necessariamente molto più complessi, l'eventuale presenza di un rischio di credito dell'obbligazione consistente nella possibilità che non tutte le cedole vengano pagate.

Quanto appena detto spiega come l'esistenza di un asset swap spread o di un par adjustment svolga un ruolo segnaletico sulle caratteristiche del titolo sottostante in termini di classe di rating e struttura cedolare, vale a dire in termini di valutazione del rischio di credito e di tasso di interesse corrisposto dall'obbligazione.

E' evidente, infatti, come l'asset swap spread, o il par adjustment, venga eventualmente previsto per compensare determinate caratteristiche del titolo sottostante che comportano un rischio aggiuntivo rispetto ai titoli risk free oppure comportano rendimenti diversi, superiori o inferiori, rispetto alla curva dei tassi di mercato (tassi spot) presente al momento della stipula del contratto.

Esempio

Si consideri un asset swap in cui il titolo sottostante è un'obbligazione:

- A tasso fisso con vita residua di 4 anni.
- Con tasso cedolare pari al 5% annuo, superiore a quello di mercato al momento della stipula.
- Con valore di mercato al momento della stipula pari a 100, e cioè pari al nominale; la valorizzazione alla pari, pur in presenza di un interesse superiore a quello di mercato, si giustifica considerando una componente di rischio di credito che, quindi, verrà rappresentata nell'asset swap spread.
- Con rateo cedola nullo al momento della stipula.
- Vi è una perfetta coincidenza tra le date di pagamento delle cedole e le date in cui vengono scambiati i flussi di pagamento dell'asset swap.
- Il tasso variabile di riferimento è il Libor a un anno.
- Il titolo non va in default nel periodo di durata dello swap.
- Si utilizza l'asset swap spread per rendere nullo il valore dell'asset swap.
- Il valore dell'asset swap spread, calcolato con formule di attualizzazione dei flussi di cassa tali da includere Il possibile rischio di default, è pari al 2,825%.

Si assuma che il tasso variabile di riferimento abbia il seguente andamento:

- Anno 1: 2%, per un totale compreso lo spread di 4,825%
- Anno 2: 2,2% per un totale compreso lo spread di 5,025%

- Anno 3: 2,4% per un totale compreso lo spread di 5,225%
- Anno 4: 2,1% per un totale compreso lo spread di 4,925%

I flussi di cassa di questo asset swap sono i seguenti:
- Anno 1: l'asset swap buyer, cioè colui che deve corrispondere il tasso fisso dell'obbligazione, corrisponde 5 euro (5% su 100 euro del valore di mercato dell'obbligazione) e ne riceve dall'asset swap seller 4,825 (4,825% sul valore di mercato dell'obbligazione).
- Anno 2: l'asset swap buyer corrisponde 5 euro e ne riceve 5,025.
- Anno 3: l'asset swap buyer corrisponde 5 euro e ne riceve 5,225.
- Anno 4: l'asset swap buyer corrisponde sempre 5 euro e ne riceve 4,925.

In questo esempio non abbiamo considerato la possibilità di default dell'obbligazione.

Qualora si fosse verificata, poniamo al terzo anno, per il terzo e quarto anno l'asset swap buyer non avrebbe corrisposto alcuna somma, continuando però a percepire 5,225 euro il terzo anno e 4,925 il quarto.

Commodity Swap

Contratto swap avente come attività sottostante un'attività reale, come un metallo, un prodotto agricolo o una fonte di energia. Il commodity swap è un contratto tra due parti che la scopo di fissare il prezzo di una certa merce.

Il funzionamento di questo strumento è simile a quello di un normale swap: stabilito un capitale nozionale, acquirente e venditore si accordano per effettuare pagamenti periodici reciproci, l'uno in base a un parametro fisso, l'altro in base a un parametro variabile che rispecchia l'andamento del prezzo dell'attività sottostante. Di norma il capitale nozionale non viene scambiato, tuttavia sono in costante aumento i commodity swap che prevedono la consegna fisica del sottostante.

Alla fine di ogni periodo di riferimento, mensile, bimestrale, trimestrale, semestrale, intercorrente fra due date di rilevazione si possono presentare due distinte situazioni:

- Il Prezzo Variabile è più alto rispetto al Prezzo Fisso: in questo caso la controparte pagatrice del prezzo variabile corrisponderà il differenziale positivo, fra prezzo variabile e prezzo fisso moltiplicato per la quantità per periodo di riferimento.
- Il Prezzo Variabile è più basso rispetto al Prezzo Fisso: in questo caso la controparte pagatrice del prezzo fisso corrisponderà il differenziale positivo, fra prezzo fisso e prezzo variabile moltiplicato per la quantità per periodo di riferimento.

I commodity swaps si sono sviluppati intorno al 1986 e nel 1989 sono stati formalmente ufficializzati solo negli USA con l'autorizzazione della Commodity Futures Trade Commission (CFCT), che controlla e sorveglia tutti i mercati futures.

I commodity swap sono stati introdotti per permettere a produttori e consumatori di coprire il rischio di prezzo di determinate mercati; tipicamente, infatti, il consumatore paga la gamba fissa dello swap per tutelarsi contro un eventuale aumento dei prezzi, mentre il produttore paga la gamba variabile tutelandosi così contro eventuali diminuzioni.

Gli elementi che caratterizzano uno swap sono:

- Il capitale nozionale di riferimento.
- La data di stipula del contratto.
- La data a partire dalla quale iniziano a decorrere gli interessi.
- La durata dello swap.
- La data di liquidazione periodica dei flussi intermedi (data di settlement).

La funzione del commodity swap dovrebbe essere quella di garantire il cliente dal rischio di oscillazione del prezzo di un determinato bene. Detto prodotto può essere funzionale:

- Sia a chi agisce su un mercato con funzione di venditore (ad esempio, un produttore di un bene alimentare) e voglia garantirsi dal rischio di eccessivo ribasso del prezzo di una merce.
- Sia a chi agisce come importatore/acquirente di una determinata materia prima (ad esempio, petrolio, rame) e voglia tutelarsi dal rischio di eccessivo rialzo del prezzo della stessa commodity.

Esempio

Un produttore di petrolio intende coprirsi dal rischio di una discesa nel prezzo del bene e sottoscrive, a tal fine, un commodity swap del tipo fisso contro variabile.

Definito un prezzo fisso di 30 $/barile, il contratto di commodity swap stabilisce il regolamento mensile tra le due parti del differenziale tra il prezzo fisso e un importo pari alla media dei prezzi di chiusura del petrolio presso il mercato di riferimento, ad esempio, il NYMEX.

- Se tale importo è superiore a 30 $/barile, il produttore paga la differenza alla controparte dello swap.
- Viceversa, se la media mensile dei prezzi di chiusura del petrolio è inferiore a 30 $/barile, il produttore riceve la differenza tra i due valori.

Credit Default Swap

Il Credit Default Swap (CDS) è uno swap che ha la funzione di trasferire l'esposizione creditizia di prodotti a reddito fisso tra le parti. Sono nati nel 1997 da JP Morgan, che ancora oggi è il principale venditore/acquirente di CDS. Dal 2003 si sono diffusi anche contratti su indici di CDS. È il derivato creditizio più usato.

- Il CDS è un accordo tra un acquirente e un venditore per mezzo del quale il compratore paga un premio periodico a fronte di un pagamento da parte del venditore in occasione di un evento relativo a un credito, come ad esempio il fallimento del debitore, cui il contratto è riferito.

Il CDS viene spesso utilizzato con la funzione di polizza assicurativa o copertura per il sottoscrittore di un'obbligazione. Tipicamente la durata di un CDS è di cinque anni e sebbene sia un derivato scambiato sul mercato over the counter (non regolamentato) è possibile stabilire qualsiasi durata.

- I Credit Default Swap (CDS) sono quindi contratti in cui un soggetto, il cosiddetto protection buyer, a fronte di pagamenti periodici effettuati a favore della controparte, il cosiddetto protection seller, si protegge dal rischio di credito associato a un determinato sottostante, generalmente denominato reference asset, che può essere costituito da una specifica emissione, da un emittente o da un intero portafoglio di strumenti finanziari.

I rischi coperti dal CDS sono connessi ad alcuni eventi (c.d. credit event) indicati nel contratto (ad esempio l'insolvenza dell'emittente l'obbligazione, c.d. default), al cui verificarsi si realizzano dei flussi di pagamento fra le parti. Le figure che istituzionalmente, nella prassi internazionale, sostanziano il credit event sono le seguenti:

- Fallimento o insolvenza (Bankruptcy).
- Mancato pagamento (Failure to pay).
- Decadenza dal beneficio del termine (Obligation Acceleration).
- Casi di inadempimento (Obligation Default).
- Disconoscimento del debito o morosità nei confronti dei creditori (Repudiation/Moratorium).
- Ristrutturazione del debito (Restructuring).

Tali flussi, concretamente, possono avvenire secondo due modalità operative:

- Il protection seller corrisponde alla controparte il valore nominale, ovvero quello contrattualmente definito, dello strumento finanziario oggetto del CDS, al netto del valore residuo di mercato dello stesso, il cosiddetto recovery value o valore di recupero, e il protection buyer cessa il versamento dei pagamenti periodici (cash settlement).
- Il protection seller corrisponde alla controparte il valore nominale, ovvero quello contrattualmente definito, dello strumento finanziario oggetto del CDS e il protection buyer, oltre a cessare il versamento dei pagamenti periodici, consegna il reference asset (physical delivery).

Nella prassi, il protection buyer ha la facoltà di scegliere il reference asset da consegnare tra un paniere di attività individuate nell'ambito del contratto e, in tal caso, sfrutterà questa facoltà scegliendo quello per lui più conveniente (c.d. cheapest-to-delivery). La funzione tipica del contratto è quindi la copertura dei rischi associati a una determinata attività: una funzione molto vicina a quella assicurativa.
Nella definizione di un contratto di credit default swap vengono generalmente specificati i seguenti elementi:

- Il capitale nozionale rispetto a cui vengono calcolati i pagamenti a carico del protection buyer, generalmente corrispondente al valore nominale del reference asset.
- L'importo di ciascuno di tali pagamenti, pari al risultato del prodotto di un tasso fisso (c.d. CDS rate) per il capitale nozionale.
- La periodicità di tali pagamenti e la scadenza del contratto medesimo.
- Gli accadimenti relativi al reference asset identificabili come credit event (insolvenza, declassamento da parte di un'agenzia di rating, ecc.).

Nel caso in cui il CDS abbia come sottostante una specifica emissione obbligazionaria, la scadenza del contratto tende a coincidere con la vita residua dell'obbligazione e, soprattutto, l'importo di ciascuno dei pagamenti effettuati dal protection buyer è strettamente legato allo spread di rendimento implicito nell'emissione rispetto a quello dei titoli privi di rischio creditizio (c.d. credit spread).

In altri termini, più è rischioso il titolo, più alto è il tasso fisso richiesto per offrire la copertura. Per questa ragione i CDS possono anche svolgere una funzione segnaletica della rischiosità dell'attività che ne forma oggetto.

Esempio

Si consideri un credit default swap:
- con scadenza a 5 anni.
- con un nozionale di 100 euro, corrispondente al valore nominale di un'obbligazione sottostante soggetta a rischio di default.
- con pagamenti annuali del 5%.

Assumiamo che al quarto anno si verifichi il default e che il valore di recupero in caso di default sia di 40 euro.

Il protection buyer, cioè colui che si protegge dal rischio a fronte di pagamenti periodici, pagherà la somma di 5 euro per il primo, secondo, terzo e quarto anno.

Al quarto anno, al verificarsi del default, il protection buyer corrisponderà al protection seller anche il valore di recupero del titolo, pari a 40 euro; riceverà però in cambio 100 euro, pari al valore nominale del titolo, per un saldo di 60 euro incassati dal protection seller. Al quinto anno il protection buyer cesserà anche il pagamento dei 5 euro.

Nel caso in cui per la durata del contratto non si fosse verificato il default, il protection seller avrebbe continuato a incassare i 5 euro annui senza corrispondere alcuna somma al protection buyer.

- Warren Buffett ha definito in una famosa frase i derivati come armi finanziarie di distruzioni di massa.

Nel report annuale agli azionisti Buffet scriveva:
«Se i contratti derivati non vengono collateralizzati o garantiti, il loro reale valore dipende anche dal merito di credito delle controparti. Allo stesso tempo, comunque, prima che il contratto sia onorato, le controparti registrano profitti e perdite -spesso di enorme entità- nei loro bilanci senza che un singolo centesimo passi di mano. La varietà dei contratti derivati trova un limite solo nell'immaginazione dell'uomo (o talvolta, a quanto pare, del folle)».

Secondo il finanziere George Soros, i CDS andrebbero semplicemente messi al bando: gli svantaggi sono superiori ai vantaggi. Il mercato dei derivati creditizi è al momento molto esteso, in molti casi l'ammontare dei derivati creditizi in circolazione e riferiti a un singolo ente è ampiamente superiore alle obbligazioni in circolazione.

Ad esempio, la società X potrebbe avere 1 miliardo di dollari di debito in circolazione e 10 miliardi di dollari di contratti CDS in circolazione.

Qualora la società X risultasse insolvente, e si riuscisse a recuperare solo 40 centesimi per dollaro, la perdita per gli investitori che detengono le obbligazioni ammonterebbe a

600 milioni di dollari. La perdita per coloro che hanno venduto CDS ammonterebbe invece a 6 miliardi di dollari.

Invece di disperdere il rischio, i derivati creditizi di fatto amplificano le perdite nel caso di insolvenza.

Secondo molti economisti i derivati hanno giocato un ruolo centrale nella "crisi dei mutui" subprime statunitense. In particolare proprio stock options e credit default swap. Gli assicuratori, come la Aig (American International Group), che li avevano emessi, avevano calcolato male il rischio, e quando le obbligazioni assicurate hanno perso di valore l'assicuratore ha rischiato il fallimento. La Aig ha dovuto essere salvata dal Dipartimento del Tesoro degli Stati Uniti.

Una seconda preoccupazione è relativa al pricing. Dal momento che gli spread dei CDS si derivano dall'asset swap pricing, lo spread su di un contratto CDS sarà solitamente inferiore allo spread dell'obbligazione sottostante sul debito sovrano. Ciò comporta un'anomalia nel pricing.

Se un'obbligazione ha uno spread di 100, per compensare l'investitore del rischio di insolvenza, e lo spread dello swap è di 50 punti base, il contratto CDS si dovrebbe scambiare a 50.

Un investitore che voglia incassare il premio di un CDS riceverà un pagamento di 50 punti base l'anno in contropartita alla sua assunzione del rischio di credito.

Se invece l'obbligazione ha uno spread di 50, e lo spread dello swap è di 50 punti base, il contratto CDS dovrebbe teoricamente essere scambiato a zero.

Ciò è chiaramente ridicolo in quanto nessuno assicurerebbe l'investitore contro il rischio di insolvenza senza ricevere nessun premio. Ma dal momento che il rischio di credito è prezzato come uno spread al di sopra del rischio bancario questo è il risultato.

Analisi del Pricing.

Un CDS viene prezzato con l'ausilio di un modello che prende in considerazione quattro input:

- Il premio all'emissione.
- Il tasso di recovery.
- La curva dei tassi d'interesse.
- La curva del LIBOR.

Se non si verificassero mai eventi di insolvenza il prezzo di un CDS sarebbe semplicemente la sommatoria dei flussi di cassa scontati relativi al pagamento del premio.

Ma così non è, e i modelli di pricing del CDS devono prendere in considerazione la possibilità che si verifichi l'insolvenza in un momento compreso tra la data di inizio e la scadenza del CDS. Ai fini della spiegazione si può immaginare il caso di un CDS di durata 1 anno con data di inizio t0 che preveda 4 pagamenti trimestrali del premio nelle date t1, t2, t3, e t4. Se il valore nominale di un CDS è N e il premio di emissione è c l'ammontare dei pagamenti trimestrali del premio è: Nc / 4.

Se si assume per semplificare che l'insolvenza possa avvenire solo in una delle date fissate per i pagamenti trimestrali del premio ci sono 5 modi in cui il contratto può finire: qualora non si verifichi l'insolvenza, in questo caso i 4 pagamenti del premio sono effettuati e il contratto sopravvive fino a scadenza, o l'insolvenza si verifica in corrispondenza della prima, seconda, terza o quarta data fissata per il pagamento.

Per dare un prezzo al CDS si deve, dunque, assegnare le possibilità relative ai 5 diversi casi, e, quindi, calcolare il valore attuale del pay-off di ciascun caso.

Il valore attuale del CDS è semplicemente dato dal valore attuale dei 5 payoff moltiplicati per la loro possibilità di verificarsi.

Al tempo dell'*i-esimo* pagamento, la probabilità di sopravvivere tra il periodo $t_i - 1$ e il t_i senza che si verifichino pagamenti per l'insolvenza è data da p_i e la probabilità che si verifichi insolvenza è data $1 - p_i$.

Le probabilità $p1$, $p2$, $p3$, $p4$ possono essere calcolate utilizzando la curva credit spread.

La probabilità che non si verifichi insolvenza nel periodo di tempo compreso tra t e $t + \Delta t$ decade esponenzialmente con una costante di tempo determinata dal credit spread, o matematicamente:

$$p = exp(-s(t)\Delta t)$$

dove:

- $s(t)$ è la credit spread zero curve al tempo t.

Maggiore è la rischiosità della reference entity maggiore lo spread e maggiore la velocità con cui la probabilità di sopravvivenza decade nel tempo. 76

Per ottenere il valore attuale complessivo del CDS si abbina la probabilità di ciascun evento con il suo relativo valore attuale:

$$PV = (1 - p1)N(1 - R)\delta 1$$

$$+p1(1 - p2)[N(1 - R)\delta 2 - (Nc/4)\delta 1]$$

$$+ p1p2(1 - p3)[N(1 - R)\delta 3 - (Nc/4)(\delta 1 + \delta 2)]$$

$$+ p1p2p3(1 - p4)[N(1 - R)\delta 4 - (Nc/4)(\delta 1 + \delta 2 + \delta 3)]$$

$$+ p1p2p3p4(\delta 1 + \delta 2 + \delta 3 + \delta 4)(Nc/4)$$

Il prezzo di un credit default swap si può inoltre anche derivare calcolando l'*asset swap spread* di un'obbligazione.

Se un'obbligazione ha uno spread di 100 e lo swap ha uno spread di 50 punti base, il contratto CDS dovrebbe essere scambiato a 50. A ogni modo per via di inefficienze del mercato non sempre tale relazione è rispettata.

La quotazione dei CDS

I CDS sono "prezzati" in basis points: ad esempio, 80 significa che per assicurare un controvalore nominale di 1.000 pago ogni anno un "premio assicurativo" pari a:

$$1.000 * 0,8\% = 8.$$

Il valore del CDS dovrebbe equivalere a grandi linee allo spread di interesse delle obbligazioni, è perciò possibile interpretare il CDS in questo modo: se il prezzo del CDS è inferiore allo spread di interesse delle obbligazioni, allora il bond è interessante (il rendimento offerto è superiore al rischio incorporato nel CDS).

Se ad esempio i CDS greci quotano a 270 e i CDS italiani a 100, la differenza di rendimento tra bond greci e BTp dovrebbe essere dell'1,7%. Se la differenza è superiore (ad esempio il 2%) i bond greci sono più interessanti, sotto il profilo rischio/rendimento, rispetto ai BTp.

- Questo vale però solo nella teoria: diversi studi hanno dimostrato che i prezzi dei CDS possono variare non solo in base alle perdite attese per insolvenza, ma anche in base alla maggiore o minore avversione al rischio degli operatori.

Poiché gli operatori sul mercato dei CDS non coincidono con gli operatori nel mercato delle obbligazioni (dove ad esempio c'è anche il retail), prezzi dei CDS e rendimenti delle obbligazioni possono differire. 78

Analisi Spread e CDS

Lo "spread tra i Btp e i Bund" indica la differenza (spread in inglese) di rendimento esistente tra i titoli di Stato Italiani (BTP) e quelli tedeschi (Bund) che vengono visti come i più affidabili dell'eurozona.

Gli stati mettono sul mercato, con aste periodiche, un certo numero di titoli obbligazionari per avere liquidità dai mercati finanziari e potere così finanziare il debito pubblico. Nel caso italiano, si tratta dei BTP (Buoni del Tesoro Poliennali) che, due volte al mese, vengono messi all'asta dalla Banca d'Italia.

Hanno scadenza a 3, 5, 10, 15 e 30 anni.

Semplificando un po', lo Stato italiano promette all'investitore che, se investirà sul suo debito pubblico (se gli presterà dei soldi), riavrà interamente il suo capitale alla fine del periodo stabilito e in più, prima della scadenza, gli verranno corrisposte periodicamente (ogni sei mesi) alcune "cedole" di rendimento.

- Per il calcolo dello spread BTP-Bund vengono presi a riferimento i titoli di Stato con scadenza decennale.
- Perché si prende sempre la Germania come esempio?

Semplice, perché la Germania è considerata il paese Ue che presenta uno stato di salute maggiore rispetto ad altri ed è quindi considerato un punto di riferimento (ovvero un Benchmark) per l'eurozona.

Calcolo

Si prende un Btp a 10 anni e si calcola il rendimento a scadenza. Poi si prende un Bund a 10 anni e si calcola il rendimento a scadenza. Calcolando la differenza tra questi due rendimenti si ottiene lo spread.

Se il rendimento del BTP è del 5% e quello del Bund è del 2%, lo spread è di 300 punti:

$$5 - 2 = 3\%$$

Lo spread può aumentare principalmente per due motivi.

1. Il primo caso, più raro, avviene quando il rendimento del BTP resta fermo e quello del Bund scende. Ad esempio, il BTP resta fermo al 5%, mentre il Bund scende all'1,5%, quindi lo spread è salito a 350 punti. Questo caso non è, in sé, pericoloso per il Paese; infatti, non implica maggiori oneri sul debito pubblico.
2. L'altro caso è l'inverso, ovvero quando il BTP sale e il Bund resta fermo: è il caso più frequente visto che i titoli di Stato tedeschi sono i più sicuri dell'area euro, e quindi il loro rendimento si muove poco. Se quindi lo spread sale, molto probabilmente è il nostro BTP ad avere aumentato il rendimento (ad esempio al 5,5%), mentre il Bund resta al 2%:
$$5,5 - 2 = 3,5\% = \text{spread di 350 punti}$$

Ciò significa che dovremo pagare più interessi sul debito pubblico. Ovviamente è possibile una combinazione dei due casi, ovvero il BTP sale e il Bund scende.

Occorre quindi partire dal presupposto che il rendimento di un titolo di Stato (o più in generale di qualsiasi obbligazione) rappresenta anche il suo livello di rischio.

In altre parole, maggiore è il rendimento e più alto sarà il rischio che l'emittente non paghi le cedole e, quindi, non rimborsi il capitale alla scadenza. A parti invertite, minore è il rendimento e minore sarà il rischio dell'obbligazione.

Analisi

Ricordiamo anzitutto che il BTP è un titolo a tasso fisso e, quindi, con un rendimento certo e predeterminato (cedola semestrale) per tutta la sua durata.

Supponiamo di avere in portafoglio un BTP con un rendimento del 4%, e che quindi mi darà sempre il 4%. Che significa che questo stesso BTP ora rende il 5%?

Che c'entra lo spread in tutto questo?

Per capirlo analizziamo, semplificando e usando numeri di fantasia, la vita del BTP fin dalla nascita.

Un BTP, come tutti gli altri titoli di Stato, è assegnato tramite un'asta presso il Ministero del Tesoro.

Il Ministero un certo giorno del mese dice:

«Questo mese ho bisogno di 100 miliardi. Chi me li dà?»

In verità il Ministero potrebbe anche non dichiarare la quantità e dichiarare solo l'interesse che è disposto a pagare, oppure nessuno, oppure entrambi. Gli investitori fanno le loro proposte: c'è chi offre 50 miliardi ma chiede in cambio un interesse del 5%, chi ne offre 30 con un interesse del 4,5%, chi ne offre 70 con un interesse del 5,5%. Volendo essere più precisi, anche se stiamo semplificando, diciamo che il primo investitore offre 95 per un titolo che varrà 100 alla scadenza, il secondo offre 95,5 e il terzo 94,5.

La domanda (dello Stato) è, quindi, di 100 e l'offerta (degli investitori) è di 150. Le varie offerte vengono messe in classifica: le migliori sono quelle che chiedono l'interesse più basso, per questo il Ministero sceglierà quella da 30 miliardi al 4,5%, quella da 50 al 5% e 20 miliardi al 5,5%.

Essendo un'asta marginale (che si usa anche per CCT e CTZ), tutti i BTP verranno assegnati al prezzo marginale, ovvero con interesse al 5,5%, ovvero al prezzo di 94,50; questo sarà il rendimento di quei BTP per i prossimi 10 anni (fossero stati BOT si sarebbe tenuta un'asta competitiva, che è la stessa cosa, tranne che i BOT verrebbero collocati al prezzo richiesto e non allo stesso prezzo per tutti).

Il Ministero però potrebbe dire che il 5,5% è troppo, essendo disposto ad accettare solo un tasso del 5%.

Se fa così potrà collocare solo 80 miliardi (50+30 dei primi due investitori) e i restanti 20 miliardi che gli servono dovrà trovarli da qualche altra parte.

All'asta successiva qualcosa è cambiato.

Il Ministero chiede sempre 100 miliardi, ma stavolta gli stessi investitori, per riprestare la stessa quantità di denaro (30, 50 e 70 miliardi) chiedono, rispettivamente, il 7%, il 7,5% e l'8%.

Il Ministero stavolta non può andare oltre il 5,5%, e, anche se accettasse solo l'offerta migliore (30 miliardi al 7%), coprirebbe meno di un terzo del fabbisogno a un tasso di interesse altissimo. Il Ministero quindi deve chiedere aiuto all'Europa, che ci presterà 100 miliardi al 5,5%. Siamo praticamente in default (in verità non è così semplice: l'Italia non potrà essere salvata perché è troppo grande, in gergo "too big to bail"). Cos'è successo nel frattempo?

Perché stavolta gli investitori hanno chiesto rendimenti così alti? La risposta è nel mercato.

- Bisogna sapere che, anche se i BTP hanno una cedola fissa (cioè un interesse), essi vengono scambiati sul mercato. Se gli investitori iniziano a credere che l'Italia non sarà in grado di pagare i suoi debiti, essi inizieranno a vendere i BTP, il cui prezzo scenderà facendo aumentare il rendimento.

Ad esempio i BTP emessi nella prima asta non rendono più il 5,5%, bensì il 7% (ovvero il loro prezzo non è più 94,5 bensì 93).

Lo spread, se il Bund rende sempre il 2%, schizza dai 300 punti iniziali:

5% BTP - 2% bund = 3% = spread di 300 punti

a ben 500 punti:

7% BPT - 2% bund = 5% = spread di 500 punti

In altre parole i BTP emessi nel corso della prima asta rendono troppo poco rispetto al rischio che l'Italia possa fallire. Visto che lo spread è aumentato a causa dell'aumento del rendimento del BTP, mentre il Bund è rimasto fermo, gli investitori capiscono che non si tratta di un problema generale, bensì proprio dell'Italia, e quindi percepiscono che il rischio Italia è aumentato richiedendo di conseguenza una ricompensa più alta per prestare soldi all'Italia.

- In pratica, quindi, quando lo spread tra Btp e Bund aumenta significa che i nostri titoli di stato perdono prezzo e quindi rendono di più poiché sono percepiti come sempre più rischiosi. Il governo nazionale, per fare acquistare i titoli di stato, dovrà offrire cedole più elevate agli acquirenti, facendo così accrescere il deficit statale.

L'Italia però non può pagare interessi così alti: l'asta va deserta e chi ha BTP della prima asta cerca di venderli, il loro prezzo crolla, vola il rendimento e quindi vola pure lo spread, fino a dove non si sa. Questo è il significato dello spread. Serve a indicare la rischiosità dell'investimento in titoli italiani rispetto a quelli tedeschi giudicati sicuri al 99,99999…%, e quindi aiuta a formulare il prezzo dei BTP di nuova emissione e quindi l'interesse che l'Italia dovrà pagare sul suo debito pubblico.

Da ricordare che l'aumento di un punto percentuale nel rendimento sui titoli del debito pubblico implica il pagamento di maggiori interessi per quasi 20 miliardi di euro oltre quelli già pagati oggi. Come conseguenza lo spread diventa dunque indirettamente e allo stesso tempo:

- Una misura del rischio finanziario associato all'investimento nei titoli cioè nel recupero del credito da parte del creditore essendo rischio e rendimento strettamente legati da relazione di proporzionalità: maggiore è lo spread maggiore è il rischio connesso all'acquisto di titoli.

- Al contrario, una misura dell'affidabilità (rating) dell'emittente/debitore (ad esempio lo Stato) di restituire il credito: maggiore è lo spread minore è tale affidabilità.
- In ultimo, una misura della capacità dell'emittente di promuovere a buon fine le proprie attività finanziarie (nel caso dello Stato di rifinanziare il proprio debito pubblico) tramite emissione di nuovi titoli: maggiore è lo spread minore è questa capacità in virtù dei tassi di interesse più elevati dovuti.

Nel caso dei titoli di stato, spread elevatissimi possono condurre nel medio-lungo termine alla dichiarazione di insolvenza o fallimento o bancarotta dello Stato oppure a misure drastiche di riduzione della spesa pubblica e/o aumento della tassazione sui contribuenti con effetto di diminuzione del reddito e degli investimenti e quindi in ultimo ripercussioni anche sulla crescita economica.
Come se ne esce? Facendo riforme vere e dicendo al mercato: «Siamo un'economia solida» per cui gli investitori faranno a gara per prestarci quei 100 miliardi e noi potremo spuntare interessi più bassi. Ovviamente l'innalzamento dello spread fra BTP e bund oltre a ripercuotersi sul deficit statale si ripercuote pesantemente anche sulle banche, in particolare su quelle che hanno contratto prestiti dando in garanzia titoli di Stato italiani, le quali saranno costrette a nuovi esborsi finanziari o addirittura a vendere i bond dati in garanzia, bond tuttavia quotati ad un prezzo nettamente inferiore rispetto all'acquisto e quindi con un introito per le banche stesse decisamente inferiore in termini economici.

- Come funziona questo meccanismo? Molte banche italiane hanno contratto prestiti offrendo in garanzia Btp.

I regolamenti dei prestiti impongono generalmente un reintegro delle garanzie offerte quando lo spread supera una certa soglia per più di cinque giorni lavorativi, un'ottava.

Tutto ciò è accaduto già quando lo spread ha superato i 400 e poi i 450.

Gli scaglioni sono generalmente calibrati ogni 50 basis point di spread fra il decennale italiano e quello tedesco.

E' importante quindi che lo spread non superi i 500 o in alternativa che la violazione non si protragga per più di cinque giorni consecutivi. Se il superamento dovesse essere confermato nei cinque giorni successivi le banche si troveranno costrette a cambiare titoli in garanzia vendendo i Btp o dovranno trovare risorse liquide per reintegrare le garanzie stesse. La liquidità verrebbe quindi chiaramente distratta da altri impieghi. Si tratta di una lettura innovativa degli effetti di uno spread che si allarga eccessivamente. Fin qui era nota l'esistenza di una zona "rossa" compresa fra il 6 e il 7% di rendimento del decennale. In quell'area esistono ancora dei margini di manovra. Sopra il 7% le cose però si complicano.

Gli stati che hanno visto i propri rendimenti superare la soglia del 7% sono stati poi costretti a ricorrere ad aiuti internazionali.

Da segnalare anche l'inversione di tendenza dei titoli a due e a cinque anni, che sono stati scambiati a un tasso superiore rispetto a quelli decennali.

Cosa significa? Ve lo diciamo subito:

- Il fatto che gli investitori si attendano un rendimento maggiore nel breve periodo rispetto a quelli a medio/lungo termine si traduce in una semplice affermazione: il default è prossimo.
- Il segnale è pericolosissimo: Grecia, Irlanda e Portogallo hanno fatto ricorso ai fondi di emergenza Ue e Fmi proprio a fronte di rendimenti superiori al 7% e proprio quando hanno visto invertirsi la curva dei rendimenti tra i titoli a 5 e a 10 anni.
- In chiusura della giornata di ieri - 9 novembre 2011 - il Btp biennale scambia il 7,38% contro il 7,27% del decennale.

- A questo punto appare decisiva l'asta di lunedì 14 novembre, quando verranno collocati Btp quinquennali per un importo fino a 3 miliardi di euro. La volatilità è schizzata alle stelle, tuttavia ci saranno acquirenti pronti a sottoscrivere tali bond, nonostante le banche internazionali potrebbero non accorrere in massa.

Dietro questa mancanza di fiducia verso la politica interna, cosa c'è? Speculazione, solo e soltanto speculazione che, inevitabilmente, si accanisce dove trova terreno fertile, ossia dove l'instabilità interna lo permette. Grandi investitori esteri e banche stanno giocando a quello che viene definito come "short selling", ossia operazioni finanziarie attuate con l'intento di ottenere un profitto a seguito di un andamento ribassista delle quotazioni di titoli prezzati in una Borsa valori.

L'obiettivo di una strategia di questo tipo è vendere allo scoperto il titolo, ad esempio, al prezzo di 100 e, una volta che il valore sia sceso, ad esempio, a 80, riacquistarla. Questo genera un profitto immediato di 20. Nel 2007, pochi mesi prima del crollo dei mercati che ha rivelato la fragilità dell'attuale assetto finanziario ed economico, lo spread tra titoli del debito decennale italiano e titoli del debito tedesco oscillava sui 20-25 punti base. Questo significa che i BTP a dieci anni in circolazione quattro anni fa scontavano sul mercato un rendimento maggiore soltanto dello 0,20-0,25% rispetto ai titoli tedeschi Bund a 10 anni ritenuti da sempre più sicuri per via dei fondamentali economici tedeschi più forti.

- Il Financial Times britannico ricorda che cinque anni fa la differenza di rendimento tra i titoli a lungo termine italiani (Btp), tedeschi (Bund) e spagnoli (Bonos) era praticamente nulla, e i loro rendimenti allineati intorno al 4 per cento.

Meno affidabili dei nostri risultavano i titoli britannici (spread a 82) e statunitensi (87). Poi arrivano i venti di crisi e le cose cominciano a cambiare. La crisi monta e alla fine del 2008 l'indicatore è più che triplicato: 92 punti, con un rendimento dei titoli pari al 4,59 per cento. Gli interventi della Bce e i tagli dei tassi contengono la situazione, ma per poco. Un primo strattone si è poi avuto a fine 2009 quando il differenziale ha raggiunto i 157 punti base (1,57%): il rientro entro la soglia dello 0,9% ha sicuramente inviato fiducia ai mercati fino almeno alla metà dell'aprile 2010, quando scoppia la bomba. La crisi conclamata è globale, ma in Germania i rendimenti dei Bund scendono, con grande beneficio delle casse pubblico. In Italia lo spread si aggira intorno a quota 160. Certo meglio della Grecia, che con un record di 908 punti si colloca in zona default, così come l'Irlanda, che sull'orlo del fallimento tocca quota 560. Il resto è storia recente, con lo spread italiano che abbatte via via quota 300, 400, 500.

I titoli tedeschi hanno dimezzato il loro rendimento (siamo all'1,81%) e questo ha amplificato lo spread di tutti i paesi colpiti dalla crisi del debito sovrano.

La Grecia vende i suoi titoli a 10 anni a un tasso del 32,81% (con uno spread di 3100 punti), il Portogallo viaggia all'11,83%, l'Irlanda all'8,33% e la Spagna viaggia al 5,70% di rendimento. Quanto all'Italia, superata quota 7% è molto più avanti di quanto fossero un anno fa Irlanda e Portogallo, che nel frattempo hanno dovuto chiedere l'aiuto della comunità internazionale. Poi, però, il dilagare della crisi del debito sovrano nell'Europa periferica ha moltiplicato le emergenze in Spagna e Grecia, in Irlanda, in Portogallo e, infine, ha messo sotto pressione anche l'Italia. Un premio eccessivo al rischio pagato per il debito della Grecia, della Spagna o dell'Italia rispetto a quello tedesco preso come riferimento indica non soltanto una debolezza di Roma o di Madrid, ma dell'Eurozona stessa che rischia di implodere sotto il peso di differenze eccessive tra i suoi paesi membri. In questo doppio significato dello spread risiede probabilmente la cifra del suo interesse alla luce dell'attuale congiuntura.

Ancor più complessa appare l'interpretazione dei CDS, i Credit Default Swap che in pratica sono delle assicurazioni per i possessori dei titoli sottostanti contro il fallimento o default dello Stato o società cui si riferiscono.

- I CDS in genere fanno riferimento ai titoli di stato a cinque anni di un paese o di una nazione. Il CDS è sostanzialmente una polizza assicurativa che protegge l'assicurato dalla perdita in conto capitale in caso di default di un emittente. Un innalzamento di valore di questi prodotti indica dunque un rischio sempre più elevato di default del sottostante.

L'ammontare di riferimento utilizzato da Markit, una delle più importanti società di monitoraggio di questo mercato, è di 10 milioni di dollari, il prezzo è espresso in punti base (un punto è lo 0,01% e quindi 100 punti sono uguali all'1%) e indica la percentuale dell'ammontare che un soggetto deve pagare sul nozionale di 10 milioni di dollari almeno per assicurarsi (parzialmente) dal default del bond di riferimento.

Se, ad esempio, il CDS sull'Italia vale 450 punti vuol dire che per assicurarsi in parte contro il default di Roma bisognerà pagare il 4,5% dell'ammontare di riferimento (10 milioni di dollari appunto). E' interessante osservare che il default selettivo della Grecia promosso dall'Unione Europea nell'ambito del secondo piano di salvataggio non ha creato quel genere di credit event capace di far scattare i risarcimenti, almeno secondo l'ISDA (l'International Swaps and Derivatives Association monitora il mercato di derivati non regolamentati Over the Counter come appunto i CDS). Le condizioni dell'intervento in quel caso limitano enormemente gli effetti sui privati del fallimento di Atene. Al riguardo è utile ricordare che i CDS, essendo strumenti Over the Counter quindi non contrattati su mercati regolamentati, tendono a essere meno trasparenti incorrendo in obblighi minori in termini di trasparenza e liquidità di quelli imposti ad altri strumenti finanziari.

La presenza di pochi grandi gruppi bancari che dominano questo mercato suggerisce ulteriore prudenza.

Di certo, però, con la crisi del debito sovrano (anche nella prima fase della crisi dei mutui subprime) i CDS sono diventati sempre più noti e non a caso in diverse circostanze hanno anticipato tendenze pericolose dei mercati (come il fallimento di Lehman Brothers).

- Se il credit default swap di un Paese inizia a crescere, vuol dire che la gente compra questo CDS e se il mercato compra assicurazioni contro un default e quindi spende per cautelarsi, vuol dire che percepisce un rischio.

Chi acquista il CDS acquista la possibilità di scaricare sul venditore il default dello Stato di cui ha acquistato i titoli, e di vedersi rimborsato il capitale dal soggetto che vende il CDS. I CDS, inoltre, sono collegati non solo a Stati, ma spesso anche al debito di grandi società private come grosse banche e altri importanti soggetti economici.

Un'analisi di un bond in molti casi può essere dunque accompagnata da un'analisi del CDS corrispondente (se esiste); tuttavia bisogna tenere a mente che il prezzo, il rendimento, la scadenza e il rating di un bond incorporano le informazioni principali per la sua valutazione, mentre le analisi degli spread su altri titoli (di pari scadenza) o dei CDS corrispondenti forniscono delle informazioni senz'altro utili, ma accessorie rispetto ai citati "fondamentali" di ogni bond.

Esempio CDS

Supponiamo che un investitore Alfa abbia a disposizione 10.000 euro da investire.

Sceglie di comprare 100 quote di un titolo di Stato, denominato "Sicuro", collocato sul mercato a un valore (per quota) pari a € 100 e avente una durata di un anno.

Lo Stato X ripaga l'investitore con un premio, corrispondente a un tasso di interesse del 10%. Inoltre, alla scadenza annuale, restituisce il capitale all'investitore: il titolo di Stato verrà rimborsato con un valore pari a € 100 (per quota). Quindi, riassumiamo: il nostro investitore Alfa, per aver prestato, per un solo anno, la somma di € 10.000 allo Stato X, riceve in cambio un tasso di interesse del 10%, pari a € 1.000,00, oltre alla restituzione del capitale, € 10.000, alla scadenza contrattuale.

Però, il nostro investitore, ci tiene al proprio capitale e non ha nessuna intenzione di perderlo.

Infatti, ragionando, si chiede: "Perché dovrei fidarmi dello Stato X, visto l'alto tasso di interesse che offre per un semplice titolo di Stato annuale?"

Decide, quindi, di coprirsi dai seguenti eventi, che potrebbero verificarsi:

- rischio del fallimento (per quanto sia improbabile) dello Stato X.
- ristrutturazione del debito pubblico di tale Stato: ovvero il rimborso parziale del valore (nominale) del titolo di Stato.

Per fare ciò, tra i vari strumenti derivati disponibili sui mercati finanziari, decide di sottoscrivere un contratto CDS con l'emittente Beta.

Adesso finalmente si sente più sicuro visto che si è protetto nel caso tali malaugurati eventi si verifichino.

Al momento della sottoscrizione, il contratto CDS vale 100 punti base di spread e dura un anno.

Quanto dovrà pagare Alfa all'emittente Beta per coprirsi da tale rischio? Un punto base corrisponde allo 0,01% del valore del sottostante (il titolo di Stato "Sicuro") al momento della sottoscrizione.

Lo spread coincide con il premio che annualmente il sottoscrittore della polizza deve pagare all'emittente del CDS. Per cui basta fare una moltiplicazione:

valore CDS alla sottoscrizione x valore di un punto base = percentuale valore del sottostante (che dovrà pagare all'emittente).

Ovvero:

100 (spread CDS alla sottoscrizione) x 0,01% (un punto base) = 1% del valore del sottostante.

Quindi, il nostro investitore Alfa, avendo comprato un importo pari a € 10.000 quote del titolo di Stato "Sicuro", dovrà pagare all'emittente Beta l'1% del capitale investito: € 100. Tale importo corrisponde anche all'1% del valore di una quota del titolo "Sicuro" acquistato, moltiplicato per il numero delle quote sottoscritte (100).

Secondo il contratto CDS, tale importo viene erogato alla società Beta, suddiviso in quattro rate trimestrali, pari a quindi € 25 ciascuna. Ovviamente, siccome lo Stato X ha collocato sul mercato molte più quote del titolo di Stato "Sicuro" (esattamente 10 milioni di quote pari a un controvalore di un miliardo di euro) ci saranno altri investitori che le hanno acquistate. Molti di loro, nutrendo lo stesso dubbio dell'investitore Alfa, hanno sottoscritto lo stesso contratto di CDS, pagando così anche loro un premio alla società Beta, emittente del CDS.

Purtroppo, due mesi dopo l'acquisto, il nostro investitore Alfa, legge sul giornale che lo Stato X ha difficoltà a piazzare sul mercato i nuovi titoli Stato sul mercato, riuscendo a collocare i nuovi titoli a un tasso di interesse annuale del 15%. Lui, ancora sicuro del proprio investimento, tiene duro, visto che non ha ragione di preoccuparsi: ha sottoscritto un contratto CDS a propria tutela. Ricordo che i CDS sono strumenti regolarmente negoziati e quotati sui mercati finanziari non regolamentati (OTC): siccome il rischio sullo Stato X è aumentato, di fatto, è volato anche lo spread del CDS, ovvero il suo valore espresso in punti base. Un mese dopo, lo stato X piazza sul mercato i suoi nuovi titoli di Stato trimestrali a un tasso del 20%.

Lo spread del CDS lievita ancora, raggiungendo la cifra folle di 2.000 punti base.

Questo perché il valore dei CDS, essendo quotati sul mercato, risentono dell'aumentato grado di rischio dello Stato X e dell'aumento di probabilità che si verifichi un evento creditizio tra quelli contemplati.

Cinque mesi dopo aver acquistato i suoi titoli di Stato e sottoscritto il CDS, il nostro investitore Alfa, apprende dai giornali la notizia.

"Fallisce lo Stato X. I Titoli di Stato diventano carta straccia!"

Cosa succederà adesso ai titoli di Stato e al CDS (di copertura) acquistati dal nostro investitore Alfa?

Siccome è successo l'evento indesiderato, ovvero il "fallimento" dello Stato X, la società Beta restituirà € 10.000,00 (il capitale "assicurato") al nostro investitore Alfa, in cambio del trasferimento dei Titoli di Stato da Alfa a Beta.

In questo modo l'emittente del CDS, divenuto proprietario dei Titoli di Stato detenuti da Alfa, diventa, di fatto, un creditore nei confronti dello Stato X.

In pratica, Alfa, nel suo investimento, ha perso solo il premio pagato all'emittente Beta per l'acquisto del CDS, ovvero l'1% del suo capitale (più precisamente, meno dell'1%, visto che l'evento creditizio si è manifestato dopo solo cinque mesi dalla sottoscrizione del CDS. Infatti Alfa ha pagato all'emittente Beta solo una parte delle rate del premio dovuto), oltre ovviamente alla cedola annuale del 10% mai corrisposta dallo Stato X, perché fallito.

Cosa sarebbe successo se invece di fallire, lo Stato X avesse optato per una ristrutturazione del debito?

Supponendo che tale ristrutturazione fosse stata del 50% del valore nominale (in gergo si chiama recovery rate) dei Titoli di Stato emessi (ricordo che al momento del collocamento valevano € 100,00 per quota), Alfa si sarebbe visto restituire dall'emittente del CDS Beta, il restante valore nominale dei Titoli di Stato, pari al 50% del capitale investito: € 5.000,00.

Ovviamente anche in questo caso, Alfa avrebbe rimesso l'1% del suo capitale, pagato come premio per l'acquisto del CDS, oltre alla cedola annuale del 10% che lo Stato X ha deciso di non corrispondere, includendola nel valore della quota di ristrutturazione del proprio debito.

E se non fosse successo niente?

Lo Stato X avrebbe pagato la cedola del 10% di interessi al nostro investitore Alfa, oltre alla restituzione del capitale inizialmente investito.

Il CDS sarebbe scaduto, non avendo più valore sul mercato OTC. Abbiamo qindi esaminato con questo esempio l'utilizzo "virtuoso" dei CDS, ovvero il motivo iniziale per cui erano nati: coprirsi da un eventuale e malaugurato evento creditizio.

CDS naked

I CDS, possono essere utilizzati, non solo con finalità di copertura, ma vengono spesso contrattati con specifiche finalità speculative perché permettono all'acquirente (o al venditore) di realizzare un grosso profitto da variazioni nel merito di credito di un paese. Per il compratore non è necessario possedere le obbligazioni di un paese.

Tali CDS vengono definiti "naked sovereign credit default swap" e la loro forte crescita è stata una delle ragioni della crisi finanziaria del Vecchio Continente, evidenziata negli ultimi mesi. Alcuni paesi (come ad esempio la Germania) hanno vietato la contrattazione dei "naked cds".

Non si tratta quindi di una copertura finanziaria del proprio capitale, ma di pura e semplice speculazione.

Esempio

Un investitore Gamma decide di acquistare sul mercato OTC un contratto CDS. Tale contratto era stato inizialmente emesso dall'emittente Beta con lo scopo proteggere l'investitore che, nel proprio portafoglio, avesse avuto Titoli di Stato del Paese X, dal suo fallimento o da una ristrutturazione del suo debito (era il caso del nostro accorto investitore Alfa). In pratica si è permesso al nostro investitore Gamma di acquistare un CDS anche se non possiede il sottostante da proteggere (i Titoli di Stato del Paese X). Ovvero Gamma, conoscendo la drastica situazione di indebitamento del Paese X, e sapendo che attualmente il prezzo del CDS risulta piuttosto basso e potrebbe lievitare, scommette proprio sul verificarsi o meno di uno dei due eventi creditizi coperti dal CDS: il fallimento o la ristrutturazione del debito.

Cosa succede man mano che i mass media economici usciranno con pessime notizie sulla condizione di indebitamento dello Stato X, e sulla sua difficoltà a collocare sul mercato le nuove emissioni di Titoli di Stato?

Il valore del CDS posseduto da Gamma aumenterà di prezzo, facendogli guadagnare la differenza, rispetto al prezzo di acquisto, una volta che decida di disfarsene, rivendendolo sul mercato OTC (prima della naturale scadenza del CDS). Facciamo un esempio: Gamma acquista, un mese dopo Alfa, lo stesso contratto di CDS che però quota 200 punti base. Gamma, qualche settimana prima, ha già rivenduto sul mercato il suo CDS a un valore di 400 punti base. Nel giro di pochi mesi ha guadagnato il doppio del capitale inizialmente investito nella sua operazione speculativa.

Ma l'investitore Gamma potrebbe speculare in altro modo (più raro perché richiede maggiori conoscenze del mercato). Comprare il CDS lo stesso giorno del nostro investitore Alfa, senza comprare il sottostante, cioè i titoli di Stato. Aspettare che la situazione precipiti, e solo in prossimità della notizia della prossima ristrutturazione del debito dello Stato X (o del suo fallimento) decidere di comprare, sul mercato secondario, i Titoli di Stato X.

Però, il valore sul mercato di tali titoli di Stato, non sarà più € 100,00 (prezzo a cui li ha acquistati Alfa).

Probabilmente, a causa delle cattive notizie, saranno stati svalutati dal mercato a un valore di € 60, cioè il prezzo a cui Gamma li ha acquistati. Nel momento del verificarsi di uno dei due eventi creditizi coperti dal CDS che ha acquistato, fallimento o ristrutturazione del debito, Gamma avrà diritto rispettivamente, come l'investitore Alfa, alla restituzione da parte dell'emittente Beta del valore iniziale della quota dei Titoli di Stato, pari a € 100,00 (caso del fallimento) o della differenza rispetto al valore nominale deciso in fase di ristrutturazione, ovvero € 50 per quota.

CDX e Itraxx

Il grandissimo successo dei derivati di credito e la loro enorme e velocissima diffusione ha portato alla nascita di molteplici strumenti più o meno sofisticati il cui payoff è il risultato della combinazione di tante singole posizioni: sfruttando l'estrema elasticità d'utilizzo di questi strumenti, diviene possibile creare prodotti complessi tesi a soddisfare l'inesauribile fantasia dell'ingegneria finanziaria. La possibilità di "customizzare" il payoff dei singoli prodotti sulle necessità dei singoli investitori ha sicuramente contribuito alla fortuna di questi strumenti; rimane comunque l'altro lato della medaglia, ovvero l'altrettanto importante necessità di avere a disposizione degli strumenti liquidi e standardizzati per poter scommettere sull'andamento degli spread in specifici segmenti del mercato. Così le principali banche di investimento si sono attivate e coordinate per la creazione di quelli che sono divenuti gli indici CDX in nord America e i mercati emergenti mentre nel vecchio continente si parla di indici Itraxx. Così come il Mib30, l'S&P500 e gli altri indici di mercato, gli indici Itraxx riflettono la performance di un paniere di asset sottostante, in questo caso composto da CDS su singoli crediti.

- Il credit default swap index (CDX) è uno strumento finanziario affine al CDS, credit default swap. Mentre quest'ultimo è uno strumento che viene costruito per ogni particolare strumento sottostante (prestito od obbligazione), il CDX è uno strumento standardizzato, che copre molte attività sottostanti, come se fosse un paniere di singoli CDS. Questo strumento più liquido, si presta a essere trattato nei mercati come strumento a sé. Ogni sei mesi si determina una nuova serie di strumenti sottostanti, e poi l'indice viene rilanciato per essere trattato sul mercato. Il Cdx è una delle due famiglie di indici che vanno sotto il nome di Credit default swap index e copre società e crediti del mercato Nordamericano e dei Paesi emergenti.

- L'indice Itraxx è uno strumento finanziario derivato che offre la possibilità di prendere posizioni sulle probabilità di default (fallimento) di un paniere di titoli emessi. Questo indice, a sua volta diviso in vari altri strumenti (per esempio, iTraxx per l'Europa, iTraxx per il settore auto, iTraxx Europe Crossover per i titoli privi di rating, iTraxx Energy) copre tutte le aree geografiche esclusi il Nordamerica e i Paesi emergenti, ed è gestito dalla International Index Company (Iic). Gli scambi sono per ora limitati al mercato over the counter, ma l'Eurex intende creare un mercato ufficiale per i future basati sull'Itraxx più liquido, l'Itraxx Europe, che copre circa 125 CDS (Credit default swap).

Questi indici hanno una composizione fissa in cui a tutti i crediti che costituiscono l'indice viene assegnato lo stesso identico peso: anche la scadenza è definita in partenza e benché esistano diverse scadenze per i vari indici il riferimento più significativo è rappresentato dalla scadenza a cinque anni. Ogni sei mesi viene rivisto il paniere di riferimento in modo che gli indici riflettano accuratamente quel che avviene nel mondo del credito: così facendo l'indice "on the run" risulta sempre composto dei crediti più significativi di ogni dato segmento del mercato.
In effetti ogni sei mesi viene di fatto lanciata una intera nuova serie di indici con una composizione aggiornata e una scadenza riportata ai principali punti della curva, quindi generalmente i tre, cinque sette e dieci anni, anche se come abbiamo detto è la scadenza cinque anni che fa la parte del leone divenendo il vero e proprio benchmark. Agli investitori è offerta la possibilità di chiudere le posizioni nella vecchia serie e spostarsi automaticamente nella nuova, sei mesi più

lunga e più aggiornata: va da se che la serie "on the run" è sempre la più liquida e scambiata benché siano quotate anche tutte le serie precedenti. In caso di un credit event su un singolo CDS, il credito di riferimento viene di fatto rimosso da tutti gli indici in cui era incluso, ovviamente con tutte le conseguenze in termini di prezzo e di P&L che questo evento comporta. Parlando di pricing è opportuno sottolineare sin d'ora una caratteristica essenziale per capire il funzionamento di questi strumenti: innanzitutto sono quotati in spread, espresso in punti-base.

Inoltre lo spread dell'indice non è diretta espressione del valore del sottostante, il cosidetto fair value: il pricing e quindi lo spread dell'indice è invece risultato diretto delle dinamiche di domanda e offerta sul mercato. In momenti di elevata volatilità come quelli che stiamo vivendo e dato il grandissimo successo di questi strumenti, si constata facilmente come gli indici sono più reattivi rispetto ai singoli crediti sottostanti, visto che attraverso gli indici si possono esprimere velocemente e in maniera efficiente scommesse direzionali sul mercato: non è un caso che gli addetti ai lavori si riferiscano all'indice Crossover anche con il "soprannome" di Yo–Yover, a causa delle violentissime escursioni fatte registrare dall'indice anche all'interno della stessa giornata.

Credit Defaut Option

La Credit default option è un contratto di opzione che offre la possibilità di coprirsi dall'eventuale deterioramento della qualità del credito delle attività in portafoglio.

La credit default option (CDO) conferisce al possessore la facoltà, ma non l'obbligo, di trasferire una posizione creditoria a una controparte qualora, entro una data predeterminata, il debitore risulti insolvente: tale evento viene denominato "credit event".

Quindi l'opzione è di tipo put e il prezzo di esercizio coincide con il valore nominale del credito. In questo caso un investitore, una banca per esempio, potrebbe utilizzare la CDO per tutelarsi contro l'eventualità che un creditore cada in default senza aver rimborsato il proprio debito.

Nel momento in cui l'insolvenza si verifica l'acquirente esercita il proprio diritto e incassa una somma, pari alla differenza tra il valore nominale del credito e il suo valore corrente, nel caso il credito sia costituito da una obbligazione, compensando così la perdita derivante dal mancato pagamento degli interessi e del capitale. Se l'insolvenza non si verifica l'opzione decade.

La CDO può anche assumere la forma di opzione call, attribuendo la facoltà di acquistare titoli di emittenti primari, ad esempio con rating pari ad AAA, a un prezzo scontato, nel momento in cui si verifica l'insolvenza di un soggetto terzo nei confronti del quale l'acquirente dell'opzione vanta un credito. Lo sconto viene calcolato sulla base della differenza tra il valore nominale del credito e il suo valore (di mercato) a seguito dell'insolvenza. Con l'esercizio dell'opzione il compratore entra in possesso dei titoli privi di rischio che dovranno compensarlo della perdita subita.

La caratteristica fondamentale della CDO consiste nel fatto che essa permette di trasferire soltanto il rischio di credito associato a una posizione, ma non la posizione stessa che continua, invece, a figurare nell'attivo del creditore/acquirente dell'opzione. In questo modo, se ad esempio il creditore è una banca, essa può mantenere il contatto con il proprio cliente in maniera del tutto normale.

Esempio

Si supponga che la società Alfa SpA, con rating Baa1, intenda finanziarsi emettendo, fra tre mesi, una tranche di obbligazioni di durata biennale per un ammontare di 100 milioni di €. Si supponga anche che l'attuale spread per la classe di rating Baa1 rispetto ai titoli di Stato a due anni sia pari a 200 basis point.

La società teme che nell'arco dei successivi tre mesi, il tempo necessario per organizzare l'emissione, tale spread possa aumentare, a causa, ad esempio, di un peggioramento delle prospettive evolutive del settore cui appartiene, obbligandola a pagare ai creditori un tasso di interesse più elevato. Alfa SpA decide quindi di acquistare una CDO a tre mesi il cui sottostante è il rischio di insolvenza medio delle società Baa1.

Il costo di tale CDO (premio) è 0,5%, ossia 500.000 € per 100 miliardi di €, e che il prezzo di esercizio sia 2%.

- In sostanza, al termine dei tre mesi, la CDO pagherà ad Alfa SpA l'intera somma aggiuntiva che essa si troverebbe costretta a pagare ai suoi creditori nel caso in cui lo spread aumentasse oltre il 2%.

Gli esiti possibili sono due.

- Al termine dei tre mesi il premio al rischio per obbligazioni biennali di classe Baa1 è pari a 3%. Alfa SpA è costretta a pagare a titolo di interesse sulle proprie obbligazioni 1 milione di € in più rispetto a quanto previsto all'inizio dell'operazione. Potrà però esercitare la CDO compensando tale perdita.
- Al termine dei tre mesi lo spread è rimasto invariato oppure è diminuito. Alfa SpA lascerà decadere la

CDO, perdendo unicamente il premio versato, ed eventualmente beneficerà della riduzione del tasso di interesse da corrispondere agli obbligazionisti.

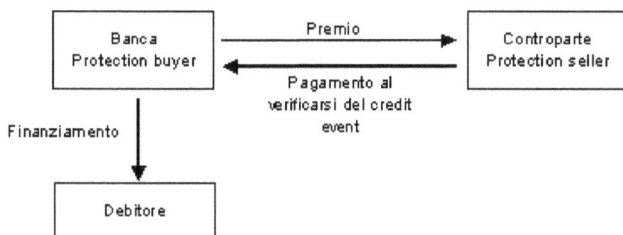

Total Return Swap

I Total Return Swap (TRS) sono contratti in cui un soggetto, il protection buyer, cede alla controparte, il protection seller, l'intero profilo di rischio/rendimento di un sottostante (reference asset), a fronte di un flusso di pagamenti periodici. Questi pagamenti periodici, in genere, sono un tasso variabile maggiorato di uno spread, il cosiddetto TRS spread.

- La funzione di questo strumento è la stessa dei credit default swap: coprire il rischio connesso a un titolo.

Diverse sono le modalità per conseguirla. Con il TRS il detentore del titolo, ad esempio un'obbligazione, non corrisponde un pagamento periodico in cambio della protezione, come per il credit default swap, ma corrisponde l'intero rendimento del proprio titolo, cedole e aumenti in conto capitale, in cambio di pagamenti periodici, definiti al momento della stipulazione del contratto, e della compensazione di eventuali perdite in conto capitale sul sottostante, ivi compresa la perdita estrema in caso di default. In questo senso il possessore del titolo, cioè il protection buyer, è anche chiamato total return seller, mentre il protection seller è anche denominato total return buyer.

Nei TRS, al verificarsi dell'evento di default, si prevedono generalmente due modalità operative:

- Il protection seller corrisponde alla controparte il controvalore della perdita realizzata, il loss given default, pari alla differenza fra valore nominale del titolo e valore residuo di mercato dopo il default (cash settlement).
- Il protection buyer consegna il titolo oggetto del TRS al protection seller il quale gli corrisponde il valore nominale, ovvero quello contrattualmente definito, del titolo stesso (physical delivery).

Gli elementi che sono generalmente contenuti in un contratto di total return swap sono:

- Il capitale nozionale rispetto a cui vengono calcolati i pagamenti a carico del protection seller, generalmente corrispondente al valore nominale del reference asset.
- L'importo di ciascuno dei suddetti pagamenti, pari al risultato del prodotto di un tasso variabile accresciuto di uno spread per il capitale nozionale.
- La periodicità di tali pagamenti.
- La scadenza del contratto medesimo.

Esempio

Ipotizziamo la società Alfa che detiene in portafoglio un'obbligazione con una vita residua di 4 anni emessa dalla società Gamma. Ipotizziamo che tale obbligazione:

- Paga una cedola a tasso fisso del 3%.
- Ha un valore nominale di un milione di euro e, al momento della conclusione del contratto, è quotata alla pari, cioè il valore di quotazione coincide con il valore nominale di un milione di euro.

Ipotizziamo che Alfa decida di effettuare un TRS con la società Beta alle seguenti condizioni:

- Alfa trasferirà annualmente a Beta tutte le cedole dell'obbligazione sottostante così come ogni suo eventuale apprezzamento o deprezzamento rispetto al valore iniziale di un milione di euro.
- Beta corrisponderà ad Alfa dei pagamenti periodici indicizzati al Libor a un anno aumentato dello 0,4%; un interesse superiore a quello di mercato, si giustifica considerando una componente di rischio di credito che, quindi, verrà rappresentata nell'asset swap spread.
- Che il tasso Libor sia pari a 2, 2,2, 2,4 e 2,1% rispettivamente per il primo, secondo, terzo e quarto anno.

- Che le date di pagamento delle due gambe del TRS coincidano tra loro e che corrispondano alle date in cui l'obbligazione sottostante effettua i pagamenti delle cedole e che alla data di stipulazione del TRS il rateo cedola maturato sia nullo.
- Che l'obbligazione emessa dalla società Gamma vada in default alla fine del quarto anno.
- Che il valore di recupero sia pari al 40% del valore nominale del prestito obbligazionario.
- Che alla fine del secondo anno e fino al verificarsi del default il valore di mercato dell'obbligazione sottostante aumenti a 1.010.000 euro.

Sulla base di questa ipotesi:
- Il primo anno, Alfa corrisponderà 30.000 euro (la cedola pari al 3%) a Beta in cambio di 24.000 euro (2% + 0,4%).
- Il secondo anno, Alfa pagherà sempre la cedola, pari a 30.000 euro, e in più, considerato l'apprezzamento del valore di mercato dell'obbligazione (che da 1.000.000 passa a 1.010.000) verserà altri 10.000 euro, ricevendo da Beta 26.000 euro (2,2% + 0,4%).
- Il terzo anno, Alfa corrisponderà i soliti 30.000 euro e ne riceverà 28.000 (2,4% + 0,4%). Non verrà corrisposta alcuna somma da Alfa a Beta a titolo di incremento del valore dell'obbligazione in quanto quest'ultimo è fermo a 1.010.000.
- Il quarto anno, si verifica il default. Alfa consegnerà a Beta i 30.000 euro della cedola e il titolo obbligazionario, il cui valore residuo è di 400.000 euro (40% del valore nominale); Beta verserà invece la somma di 1.000.000 di euro, pari al nominale dell'obbligazione, più 25.000 euro (2,1% + 0,4%).

Interest Rate Cap

L'Interest Rate Cap è un contratto che tramite una serie di opzioni su tasso di interesse, generalmente Euribor, alle date prestabilite, dà diritto all'acquirente del Cap di pagare il tasso fisso predeterminato e di incassare il tasso variabile rilevato puntualmente. In pratica, a fronte del pagamento di un premio, l'acquirente ha il diritto di incassare la differenza positiva tra il livello del tasso variabile di riferimento e il livello di Cap prefissato.

In un contratto di Interest Rate Cap verrà determinato:

- Il tasso fisso (strike).
- Il tasso variabile di riferimento a cui è parametrato il Cap.
- La periodicità con la quale verrà rilevato puntualmente (fixing) il tasso variabile.
- L'ammontare nominale di riferimento.

I Cap adottano la medesima base di calcolo del tasso variabile sottostante, pertanto sul tasso Euribor la base di calcolo sarà Actual/360. L'ammontare nominale di riferimento è l'importo sul quale verranno calcolati i flussi di interesse dovuti all'acquirente.

Il compratore di un Cap può fissare il costo massimo che è disposto a sopportare in merito a una posizione debitoria legata a un tasso variabile, perché riceverà dal venditore dell'opzione la differenza positiva tra tasso variabile e tasso strike.

- L'acquisto di un Cap, pertanto, protegge da un rialzo dei tassi e contemporaneamente permette di beneficiare dei ribassi.

Esempio

La società Alfa accende un finanziamento presso una banca per un ammontare di 250.000 €, della durata di un anno, che prevede il pagamento trimestrale degli interessi al tasso Euribor a tre mesi. Al momento dell'accensione del debito il tasso Euribor è pari a 4,8%.

Temendo un rialzo nei tassi di interesse, la società Alfa decide di cautelarsi dal verificarsi di un simile evento, acquistando un Interest Rate Cap con capitale convenzionale di 250.000 €, premio pari all'1%, cap rate pari al 4,8%, periodi di riferimento 3, 6, 9, 12 mesi.

Il premio ammonta a:

$$250.000 \times 1\% = 2.500 \text{ €}$$

- Allo scadere del primo trimestre il tasso Euribor a tre mesi è salito al 5%; la società Alfa dovrà pagare alla banca gli interessi pari a:

$$5\% \times 250.000 \times 90gg/360gg = 3.125 \text{ €}$$

Avendo acquistato l'Interest Rate Cap la società però riceve dalla controparte un importo di:

$$(5 - 4,8)\% \times 250.000 \times 90gg/360gg = 125 \text{ €}$$

Di conseguenza l'uscita netta sarà pari alla differenza tra gli interessi ceduti alla banca e la somma incassata dal cap:

$$3.125 - 125 = 3.000 \text{ €}$$

- Allo scadere del secondo trimestre il tasso Euribor a tre mesi ammonta a 4,7%: poiché la differenza tra il tasso di mercato e il cap rate è negativa, la società Alfa non riceve nessun importo. Dovrà comunque pagare alla banca gli interessi pari a:

$$4,7\% \text{ x } 250.000 \text{ x } 90/360 = 2.937,50 \text{ €}$$

- Nel terzo trimestre il tasso di interesse è del 4,95%; la società Alfa riceve:

$$(4,95 - 4,8) \% \text{ x } 250.000 \text{ x } 90/360 = 93,75 \text{ €}$$

e paga alla banca un interesse pari a:

$$4,95\% \text{ x } 250.000 \text{ x } 90/360 = 3.093,75 \text{ €}$$

Ciò comporta un esborso netto pari a:

$$3.093,75 - 93,75 = 3.000 \text{ €}$$

- Infine, alla scadenza del cap il tasso Euribor è del 4,85%; la società riceve un importo di:

$$(4,85 - 4,8) \% \text{ x } 250.000 \text{ x } 90/360 = 31,25 \text{ €}$$

e paga alla banca la somma di:

$$4,85\% \text{ x } 250.000 \text{ x } 90/360 = 3.031,25 \text{ €}$$

sostenendo un costo totale pari a:

$$3.031,25 - 31,25 = 3.000 \text{ €}$$

In questo modo la società ha la certezza che gli interessi trimestrali da corrispondere alla banca non eccederanno i 3.000 € in caso di aumento dei tassi, mentre continuerà a beneficiare di eventuali diminuzioni dell'Euribor.

Knock-In Cap

Il Knock-In Cap è un Cap il cui diritto di esercizio è subordinato al raggiungimento, al momento del fixing del tasso variabile di riferimento, di un predeterminato livello di barriera fissato sopra lo strike del Cap.

Il premio di un Knock-In Cap è inferiore al premio di un normale Cap ed è inversamente proporzionale alla differenza tra lo strike del Cap e il livello di barriera.

Esempio

Un'azienda ha in essere un finanziamento per 4 anni a tasso variabile, Euribor a 3 mesi, e vuole proteggersi da un rialzo dei tassi di 50 centesimi.

Con l'acquisto di un Cap sull'Euribor 3 mesi a 4 anni al 5.50% (at-the-money) con un livello di Knock-In al 6%, può porre un tetto massimo del 5.50% al suo tasso passivo, qualora avvenga il brusco rialzo dei tassi sopra il 6%.

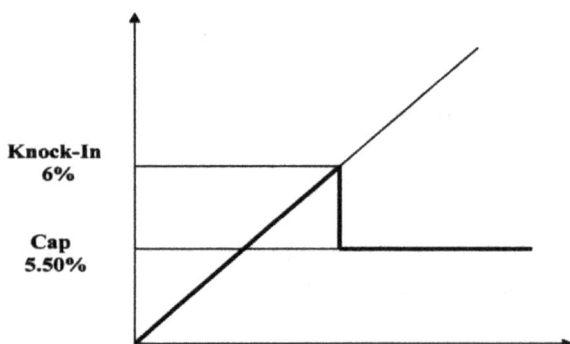

Knock-Out Cap

Il Knock-Out Cap è un Cap il cui diritto di esercizio cessa al raggiungimento, al momento del fixing del tasso variabile di riferimento, di un predeterminato livello di barriera fissato sopra lo strike del Cap.
Il premio di un Knock-Out Cap è inferiore al premio di un normale Cap ed è direttamente proporzionale alla differenza tra lo strike del Cap e il livello di barriera.

Esempio

Un'azienda ha in essere un finanziamento per 4 anni a tasso variabile, Euribor a 3 mesi, e vuole proteggersi da un rialzo dei tassi che potrebbe verificarsi fino a un massimo di 6%.
Con l'acquisto di un Cap al 5% a 4 anni contro Euribor 3 mesi, può porre un tetto massimo al costo del finanziamento, ma il premio per il Cap è molto oneroso, pertanto, considerando le aspettative di mercato, sarà più conveniente e opportuno acquistare un Cap al 5% con un livello di Knock-Out al 6.25%.

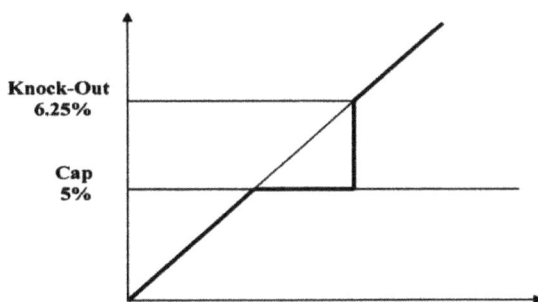

Digital Cap

Il Digital Cap è un Cap, che, alle date di fixing, qualora il tasso variabile di riferimento sia superiore al livello di Cap prefissato (strike) dà diritto all'acquirente di incassare una somma fissa prestabilita (pay-out) espressa in percentuale dell'ammontare nominale di riferimento.

Esempio

L'acquirente di un Digital Cap del 5% per 3 anni, con periodicità semestrale, per un ammontare nominale di 10 miliardi, con un pay-out del 2%, avrà diritto a riscuotere 200 milioni ogni qualvolta alle scadenze prestabilite il fixing del tasso semestrale di riferimento, Euribor a 6 mesi, dovesse essere superiore al 5%, sia che l'Euribor 6 mesi venga fissato a 5,01% oppure a 9,50%.

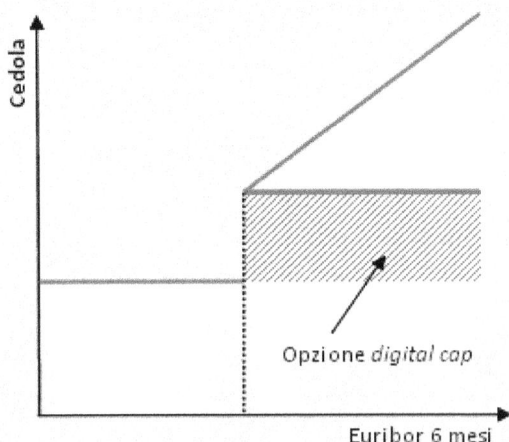

Opzione *digital cap*

Euribor 6 mesi

Interest Rate Floor

L'Interest Rate Floor è un contratto che tramite una serie di opzioni su tasso di interesse, generalmente Euribor, alle date prestabilite, dà diritto all'acquirente del Floor di incassare il tasso fisso predeterminato e di pagare il tasso variabile rilevato. In pratica, a fronte del pagamento di un premio, permette di incassare la differenza positiva tra il livello di Floor prefissato e il livello del fixing del tasso variabile di riferimento. Chi compra un Floor si vuole quindi garantire dal rischio di un ribasso del tasso d'interesse (con riferimento allo specifico Tasso parametro variabile) rispetto a un livello predeterminato nel contratto specifico di Strike del Floor.

In un contratto di Interest Rate Floor verrà determinato:

- Il tasso fisso (strike).
- Il tasso variabile di riferimento a cui è parametrato il Floor.
- La periodicità con la quale verrà rilevato puntualmente (fixing) il tasso variabile.
- L'ammontare nominale di riferimento.

I Floor adottano la medesima base di calcolo del tasso variabile sottostante, pertanto sul tasso Euribor la base di calcolo sarà Actual/360. L'ammontare nominale di riferimento è l'importo sul quale verranno calcolati i flussi di interesse dovuti all'acquirente.

Il compratore di un Floor può garantire il rendimento minimo di una posizione creditoria legata a un tasso variabile, perché riceverà dal venditore dell'opzione la differenza tra tasso strike e tasso variabile. L'acquisto di un Floor, pertanto, protegge da un ribasso dei tassi e contemporaneamente permette di beneficiare dei rialzi.

Il Cliente, al perfezionamento del contratto, corrisponderà anticipatamente alla Banca il pagamento di un Premio definito percentualmente sul Nozionale di Riferimento. Alle date stabilite per i pagamenti dei differenziali, si procederà a determinarne gli importi confrontando il valore di mercato del Tasso Variabile, rilevato all'inizio di ogni Periodo di Calcolo, con il livello del Tasso Strike contrattualmente definito.

Gli scenari ipotizzabili sono due:

- Se: Tasso Variabile > Tasso Strike non verrà regolato alcun differenziale.
- Se: Tasso Variabile < Tasso Strike il cliente incasserà un importo pari alla differenza positiva tra:
  - ✓ Il prodotto tra Valore Nozionale e Tasso Strike in relazione al periodo di calcolo.
  - ✓ Il prodotto tra Valore Nozionale e Tasso Variabile in relazione al periodo di calcolo.

Punti di forza:

- Protegge dal rischio di un ribasso del Tasso Parametro Variabile al di sotto del livello dello Strike Floor preservando nel contempo l'opportunità di guadagnare da un eventuale loro aumento.
- Permette di ottenere un rendimento minimo su un investimento a tasso variabile.
- In presenza di una situazione di stabilità dei tassi, il prodotto non presenta alcun costo di gestione amministrativa e di flussi.

Punti di debolezza:

- In un'ipotesi di acquisto di Floor associato a un attivo a tasso variabile, in mancanza di un rialzo dei tassi, il Costo del Premio riduce il rendimento dell'attivo.
- Nel caso di vendita del Floor collegata a un debito a tasso variabile, il Cliente non riuscirà a beneficiare in pieno da una riduzione dei tassi d'interesse sulla posizione debitoria sottostante. Inoltre, non ha alcun impatto, al di là del beneficio del premio percepito, sulla protezione al rialzo dei tassi d'interesse.

- Come in tutte le opzioni, il Premio è funzione di diverse variabili. La volatilità utilizzata per la valorizzazione del Premio può essere rilevabile sul mercato in un certo particolare momento, ma non esiste una valutazione ufficiale, né fissa nel corso di un periodo.
- In caso di vendita del Floor, il Cliente incassa il Premio ma è soggetto al rischio, seppur limitato (i tassi non possono essere negativi), di una riduzione dei tassi di interesse. La vendita del Floor è pertanto per definizione più rischiosa per il Cliente.

Esempio

Un investitore detiene un pacchetto di obbligazioni a tasso variabile per un ammontare di 25.000 €. Il tasso di interesse dopo la prima scadenza trimestrale è del 5%.
Egli decide di coprirsi da eventuali discese dei tassi e, a tal fine, acquista, pagando un premio dell'1%, un interest rate floor sul tasso Euribor a tre mesi, con floor rate del 5%.
I periodi di riferimento sono 3, 6, 9, 12 mesi e coincidono con le scadenze di pagamento delle cedole.
Il premio pagato ammonta a:

$$1\% \times 25.000 = 250 €$$

Allo scadere del primo periodo il tasso Euribor è del 4,8%; l'investitore incassa una cedola pari a:

$$4,8\% \times 25.000 € \times 90gg/360gg = 300 €$$

e un importo, corrispostogli dal venditore del floor, di:

$$25.000 € \times (5 - 4,8) \% \times 90/360 = 12,50 €$$

In totale, quindi, incassa 312,50 €.

In corrispondenza del secondo trimestre il tasso Euribor a tre mesi è del 5,2%; la differenza tra i due tassi è negativa e l'investitore non incassa nulla dal floor, ma soltanto la cedola pari a:

$$5,2\% \times 25.000 \times 90/360 = 325 \ €$$

Allo scadere del terzo trimestre il tasso di interesse è sceso al 5%; l'investitore non incassa nulla se non la cedola pari a 312,50 €.
In corrispondenza dell'ultima scadenza, essendo il tasso Euribor pari al 4,5%, l'investitore riceve:

$$25.000 \ € \times (5-4,5) \ \% \times 90/360 = 31,25 \ €$$

dall'interest rate floor più la cedola pari a 281,25 € per un totale di 312,50 €.
In questo modo l'investitore è certo del fatto che gli incassi non saranno mai inferiori a 312,50 € a trimestre.

Esempio

Un cliente X perfeziona un Floor con le seguenti caratteristiche:
- Durata: 5 anni
- Valore Nominale: 1.000.000 €
- Data di Negoziazione: 1 giugno 2011
- Data di Efficacia: 15 giugno 2011
- Data di Scadenza: 15 giugno 2016
- Tasso Variabile: Euribor 6 mesi
- Tasso Strike Floor: 2.00%
- Data di Pagamento: ogni sei mesi
- Ammortamento: non previsto
- Base di Calcolo: act/360
- Fixing: 2 giorni lavorativi precedenti ciascun periodo.

- Premio: il cliente X paga un premio pari al 2.20% dell'importo di riferimento:
  - 2.20% * 1.000.000 = 22.000 € (costo del Floor)

1° Periodo: data di Pagamento: 15 dicembre 2011.
Tasso Variabile: Euribor 6 mesi, rilevato due giorni precedenti l'inizio del semestre cioè 13 giugno 2011: 1,739%.
Essendo tale valore inferiore al livello dello strike pari al 2,00% verrà regolata la differenza a scadenza come segue:

$$1.000.000*(2\%-1.739\%)*183/360 = 1.326,75 €$$

2° Periodo: data di Pagamento : 15 giugno 2012.
Tasso Variabile: Euribor 6 mesi, rilevato due giorni precedenti l'inizio del semestre: 2,30%.
Essendo tale valore superiore al livello del Tasso Strike pari al 2,00% non verrà regolato alcun differenziale.
Seguiranno altri 8 flussi semestrali il 15 giugno e il 15 dicembre di ciascun anno, calcolati in base alle medesime logiche. Nella sostanza lo 0,261% che il Cliente acquirente del Floor riceve nel primo periodo dallo strumento, servirà a compensare la riduzione, oltre il livello Strike, che subirà il suo attivo a tasso variabile indicizzato all'Euribor. In tal modo si perfezionerà la copertura, avendo il Cliente, dall'abbinamento della sua posizione con il Floor, limitato il declino del Tasso Variabile al livello dello Strike del Floor.

Knock-In Floor

Il Knock-In Floor è un Floor il cui diritto di esercizio è subordinato al raggiungimento, al momento del fixing del tasso variabile di riferimento, di un predeterminato livello di barriera fissato sotto lo strike del Floor.
Il premio di un Knock-In Floor è inferiore al premio di un normale Floor ed è inversamente proporzionale alla differenza tra lo strike del Floor e il livello di barriera.

Esempio

Un'azienda prevede per i prossimi 2 anni un'eccedenza di liquidità mediamente di 5 miliardi che vorrebbe impiegare a tasso variabile, Euribor 3 mesi, con, però, un rendimento minimo intorno al 3%.

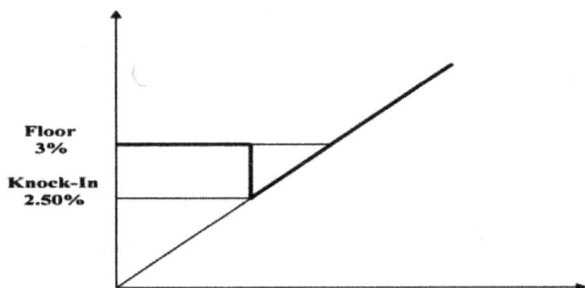

Le aspettative di mercato monetario ipotizzano un taglio del tasso di sconto che porterebbe i tassi a breve sotto la soglia del 2,50%.
Con l'acquisto di un Floor al 3% a 2 anni contro Euribor 3 mesi con un livello di Knock-in al 2.50%, può garantirsi l'obiettivo di rendimento minimo dell'impiego qualora dovesse verificarsi un taglio dei tassi.

Knock-Out Floor

Il Knock-Out Floor è un Floor il cui diritto di esercizio cessa al raggiungimento, al momento del fixing del tasso variabile di riferimento, di un predeterminato livello di barriera fissato sotto lo strike del Floor.

Il premio di un Knock-Out Floor è inferiore al premio di un normale Floor ed è direttamente proporzionale alla differenza tra lo strike del Floor e il livello di barriera.

Esempio

Un'azienda prevede per i prossimi 4 anni un'eccedenza di liquidità mediamente di 10 miliardi che vorrebbe impiegare a tasso variabile, Euribor 6 mesi, con, però, un rendimento minimo intorno al 4%.

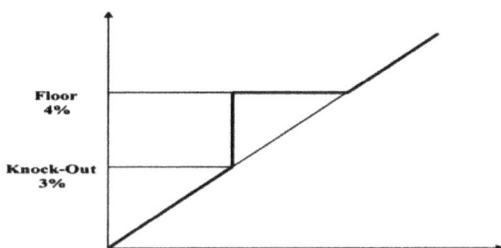

Le aspettative di mercato monetario ipotizzano un taglio del tasso di sconto che porterebbe i tassi a breve sotto la soglia del 3,50%. L'acquisto di un Floor al 4% a 4 anni contro Euribor 6 mesi si rivela fortemente oneroso, pertanto aggiungendo un livello di Knock-Out del Floor al 3.00%, è possibile garantirsi l'obiettivo di rendimento minimo dell'impiego riducendo il costo del Floor con una barriera ben al di sotto delle aspettative di mercato.

Digital Floor

Il Digital Floor è un Floor, che, alle date di fixing, qualora il tasso variabile di riferimento sia inferiore al livello di Floor prefissato (strike) dà diritto all'acquirente di incassare una somma fissa prestabilita (pay-out) espressa in percentuale dell'ammontare nominale di riferimento.

Esempio

L'acquirente di un Digital Floor del 3% per 5 anni, con periodicità trimestrale, per un ammontare nominale di 5 miliardi, con un pay-out del 3%, avrà diritto a riscuotere 150 milioni ogni qualvolta nelle scadenze prestabilite il fixing del tasso trimestrale di riferimento, Euribor a 3 mesi, dovesse essere inferiore al 3%, sia che l'Euribor 3 mesi venga fissato a 2,99% oppure a 0,75%.

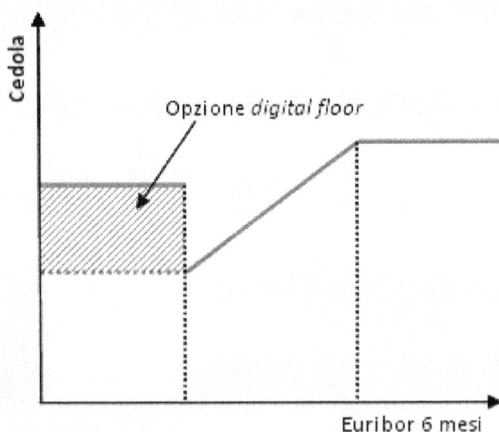

Interest Rate Collar

Il Collar è un'opzione su tassi costituita dalla combinazione fra l'acquisto di un'opzione Cap e la contestuale vendita di un'opzione Floor. Il Collar permette di contenere le oscillazioni del parametro Euribor all'interno di un corridoio, delimitato in alto dal livello strike del Cap e, in basso, dal livello strike del Floor.

- Si tratta di un ulteriore strumento di diversificazione nelle coperture del rischio tassi e va sostanzialmente visto in aggiunta/completamento di coperture già in essere mediante IRS.

Nel Collar, quando l'Euribor risulta superiore allo strike del Cap, l'azienda riceve il differenziale dalla controparte e, in questo modo, limita il rialzo del parametro al livello strike del Cap. Se invece l'Euribor risulta inferiore allo strike del Floor, l'azienda (venditrice del Floor) paga il differenziale alla controparte. All'interno del corridoio, l'opzione non scatta e quindi l'azienda resta a mercato, ovvero paga oneri finanziari direttamente conseguenti all'andamento dell'Euribor.

I premi delle due opzioni Cap e Floor sono trattati dai rispettivi market maker e risentono della volatilità del sottostante (Euribor) nonché della durata dell'opzione.

- La peculiarità tecnica del Collar consiste nel fatto che l'azienda finanzia l'acquisto del Cap con la vendita del Floor. Il Collar ideale è quello cosiddetto "zero cost", dove cioè i premi delle due opzioni si elidono completamente fra loro, comportando un esborso nullo. Naturalmente occorre verificare la congruità dei livelli strike che ne derivano, soprattutto quello del Cap, poichè esso rappresenta la "vera" copertura al rialzo dei tassi.

Normalmente nel Collar zero cost si parte fissando lo strike del Cap e si vede quanto alto deve salire lo strike del Floor per annullare l'esborso a pronti. La contrazione del canale, funzione anche della durata temporale dell'opzione, rappresenta in estrema sintesi il costo implicito per l'azienda. Il Collar è un interessante strumento, ma, come per i Cap, bisogna saperlo confrontare con gli swap mediante opportuni calcoli di convenienza. Inoltre occorre sottolineare che tale opzione comprende comunque per l'azienda un rischio costituito dal mancato beneficio in caso di futura discesa dei tassi sotto il livello strike del Floor. L'ulteriore incremento nella difficoltà a valutare la congruità delle quotazioni restringe l'utilizzo dei Collar ai soli operatori con un'accentuata dimestichezza sugli strumenti derivati.

Lo scopo dell'operazione è duplice:

- Limitare le oscillazioni di un tasso variabile all'interno di una fascia predefinita.
- Ridurre il costo dell'acquisto di un Cap (Floor) fino a determinare uno "Zero Cost Collar".

Esempio

Un'azienda ha in essere un finanziamento per 100 miliardi a 5 anni a tasso variabile, Euribor a 6 mesi, ma si vuole proteggere da aspettative di un incremento della volatilità dei tassi a breve. Con l'acquisto di uno Zero Cost Collar semestrale, per 100 miliardi a 5 anni, con il tasso Cap al 5% e il tasso Floor al 4% limita le oscillazioni del suo tasso passivo nel range di 1%.

Swap Option

La geniale connessione tra un Interest Rate Swaps e un'Opzione prende il nome di Swap option. Infatti, la Swap option incorpora tutte le particolarità delle Opzioni e ne presenta le stesse caratteristiche comuni. In particolare:

- Ha un premio iniziale (Opzioni).
- Lo attivo solo se voglio (Opzioni).
- Ha uno strike (Opzioni).
- E' uno scambio di flussi di interessi (Swap).
- Una volta attivato ha scadenze prestabilite (Swap).

Una swap option è un'opzione finanziaria su tassi di interesse che conferisce al detentore la facoltà, ma non l'obbligo, di stipulare un contratto di swap a una data futura (swap option europea) o entro una data futura (swap option americana). Nel contratto di opzione sono definiti il segno, il tasso strike (k) e le altre caratteristiche dello swap sottostante. Le swap option sono in larga prevalenza di stile europeo. Per identificare i tipi di opzione, si preferisce utilizzare una terminologia specifica:

- Receiver Swap option: l'acquirente dell'opzione potrà esercitare alla data di scadenza il diritto di stipulare un I.R.S. nel quale incasserà un tasso fisso (il tasso strike della Swap option) e pagherà un tasso variabile.
- Payer Swap option: l'acquirente dell'opzione potrà esercitare alla data di scadenza il diritto di stipulare un I.R.S. nel quale pagherà un tasso fisso (il tasso strike della Swap option) e incasserà un tasso variabile.

L'attività sottostante è un IRS con decorrenza futura, ovvero un forward start swap, equivalente a una compravendita a termine sul titolo fittizio corrispondente al lato fisso dello swap con strike alla pari.

Il detentore decide di esercitare confrontando il tasso strike con il tasso swap di mercato vigente alla scadenza dell'opzione per contratti uguali al sottostante:

- Nel caso di una receiver swap option, il detentore esercita se il tasso di mercato i è inferiore allo strike, perché può chiudere la posizione realizzando un payoff funzione della differenza positiva tra k (incassato) e i.

- Nel caso di una payer swap option, il detentore esercita se il tasso di mercato i è superiore allo strike, perché può chiudere la posizione realizzando un payoff funzione della differenza positiva tra i e k (pagato).

Esempio

Un'azienda ha un preciso piano di indebitamento in base al quale le verrà erogato un finanziamento tra 2 anni per un periodo di 5 anni a tasso variabile, Euribor 6 mesi, ma preferisce trasformare fin d'ora il tasso variabile in tasso fisso per proteggersi da aspettative di un rialzo dei tassi.

Acquistando oggi una Payer Swaption al 5% potrà esercitare fra 2 anni il diritto di stipulare un I.R.S. a 5 anni alle condizioni prefissate, qualora si rivelino ancora convenienti, di pagare il tasso fisso 5% e incassare il tasso variabile Euribor 6 mesi.